Doris Neuhofer
Walter Neuhofer

INFORMATIX 4
XP

BRIGG Pädagogik

Gedruckt auf umweltbewusst gefertigtem, chlorfrei gebleichtem
und alterungsbeständigem Papier.

1. Auflage 2010
Nach den seit 2006 amtlich gültigen Regelungen der Rechtschreibung

Originalausgabe: Bildungsverlag Lemberger
A-1170 Wien, www.lemberger.at

Covergestaltung und Grafik:
Gernot Lauboeck,da
Graphik Design, Wien
www.lauboeckdesign.at

ISBN 987-3-87101-**453**-6 www.brigg-paedagogik.de

Inhalt

Vorwort

Ab der 8. Jahrgangsstufe haben die Schülerinnen und Schüler Unterricht im Fach Informatik, in dem sich laut Lehrplan „informationstechnische Grundkompetenz“ und „Fähigkeiten zum Umgang mit vielfältigen Anwendungen der Informationstechnik in der Arbeitswelt“ anbahnen sollen. Dies wäre ohne die Grundfertigkeiten undenkbar, die die Schülerinnen und Schüler in den Jahrgangsstufen 5-7 erwerben.

Das vorliegende Buch setzt bei den Grundkenntnissen an, der Umgang mit diversen Programmen wird den Schülerinnen und Schülern näher gebracht. Hiermit wird jedoch nicht nur dem neuen Schwerpunkt des Lehrplans Rechnung getragen, sondern die Lernenden erhalten wichtiges Handwerkszeug für ihr späteres Berufsleben. Auch für die Lehrkräfte bietet dieser Kurs viel Interessantes, denn in Vergessenheit Geratenes wird schnell wieder aufgefrischt.

Bemerkungen zu den Arbeitsunterlagen

INFORMATIX 4 XP ist in drei Teile gegliedert:
1. Theorie (1–18) zum Erwerb von Grundwissen
2. Praxis (1–49) zur Anwendung am Computer
3. Arbeitsblätter mit Lösungen (1–3) zur Überprüfung des erworbenen Wissens

Theorie, Praxis und Arbeitsblätter sollen parallel verwendet werden.

Der Aufbau der Stunden geht von folgenden Gegebenheiten aus:
- Windows XP
- MS-Office XP
- Netzwerk
- 1 Wochenstunde ab der 5. Jahrgangsstufe oder 2 Wochenstunden ab der 7. Jahrgangsstufe

Die Verwendung des vorliegenden Bandes INFORMATIX 4 XP wird für die 8. Jahrgangsstufe empfohlen.

Aus sprachlichen Gründen und um den Lesefluss nicht zu behindern, wird in diesem Buch auf eine Unterscheidung in weibliche und männliche Form verzichtet. Mit allen im Text verwendeten Personenbezeichnungen sind selbstverständlich stets beide Geschlechter gemeint.

Was versteht man unter „Internet“?

Das Internet ist eine Vernetzung von vielen Computern auf der ganzen Welt. In diesem Netz gibt es große Rechner, sogenannte „Server“, die Informationen bereitstellen und an die Rechner der Anwender („User“ wie du und ich) weiterleiten.
So ist es möglich, eine Vielzahl von Informationen auszutauschen.
Im Laufe der Zeit wurde das Internet ein weltumspannendes Informationsnetz, in dem (fast) alles Wissen der Welt zu finden ist. Es ist aus unserem Leben nicht mehr wegzudenken.

Welche Begriffe sollte ich kennen?

Begriff	**Erklärung**
Protokoll (engl. Protocol)	Wie im wirklichen Leben eine Vereinbarung über Verhaltensweisen. Im Netz eine Vereinbarung, wie Daten zwischen verschiedenen Rechnern mit verschiedenen Betriebssystemen übertragen werden können.
TCP/IP	Transmission Control Protocol/Internet Protocol – „Übertragungs-Kontroll-Protokoll“. Das Basisprotokoll im Internet.
IP-Adresse	Internet Protokoll Adresse. Sie besteht aus einer Zahlenfolge, mit der jeder Rechner im Netz eindeutig identifiziert werden kann. Wegen der besseren Merkfähigkeit werden diesen Zahlenfolgen Namen zugeordnet, z. B. steckt hinter „www.wien.at“ die Nummer „217.149.224.194“.
Domain	Eine Internetadresse, die nach bestimmten Regeln zusammengesetzt ist. Dahinter verbirgt sich eine Internet Protokoll (IP) Adresse. Ein wichtiges Kennzeichen einer Domain ist die Länderkennung (.at, .de usw.) bzw. eine Klasse (.com, .gv, .net, .org usw.).
Browser	Ein Computerprogramm, das Dateien aus dem Internet holt und sie entsprechend den Formatierungsbefehlen in den Dateien anzeigt. Die derzeit bekanntesten Browser sind Internet Explorer, FireFox und Opera.
HTTP	HyperText Transfer Protocol, das Standardprotokoll zur Übertragung von HTML-Dateien.
HTML	HyperText Markup Language, die Sprache des Internets. Sie beschreibt Layout und Struktur einer Internetseite bzw. eines Dokumentes.
URL	„Uniform Resource Locator“, eine eindeutige, standardisierte Adresse, über die man ein Dokument im Web finden kann. Sie enthält den Namen des Webservers (www.berlin.de), den Zugriffspfad (themen) und den Typ des Dokumentes (verkehr.html) – das ergibt: http://www.berlin.de/themen/verkehr.html

Begriff	Erklärung
(Hyper)Link	Die direkte Verbindung zu einem anderen (Web)Dokument oder zu einer anderen Stelle im selben Dokument.
Provider (= Anbieter)	Jene Firma, die einem den Zugang ins Internet ermöglicht (Hardware und/oder Software).
Account (= Konto)	Ermöglicht den Zugang zu Computer, Internet und anderen Diensten. Die Identifizierung erfolgt meist mit Benutzername und Kennwort.
Suchmaschinen	Programme bzw. Programmsysteme, die Informationen im Internet suchen, katalogisieren und zum Abrufen über Stichworte bereitstellen.
Surfen	Umgangssprachliche Bezeichnung für ungezieltes Stöbern im Internet.
Cookies	Kleine Dateien, die von Webseiten auf den eigenen Computer gelegt werden, um einen Besucher zu identifizieren bzw. seinen Weg zu verfolgen. Da die Informationen in diesen Dateien völlig undurchschaubar sind, werden Cookies oft als Sicherheitsrisiko betrachtet.
Emoticons/Smileys	„Emoticon" kommt von **Emot**ion (= Gefühl) und **Icon** (= Symbol). Das ist ein Bildsymbol, das ein bestimmtes Gefühl ausdrücken soll. Das erste und wohl bekannteste Emoticon ist das Smiley: :-) Inzwischen gibt es eine Vielzahl von Emoticons.
Akronym	Ein künstliches Wort, das aus den Anfangsbuchstaben mehrerer Wörter gebildet wird. Es wird im Chat verwendet, um sich das Tippen häufig gebrauchter Ausdrücke zu ersparen. Beispiele: LOL – Laughing Out Loud – lautes Lachen ROFL – Rolling On (the) Floor Laughing – sich vor Lachen auf dem Boden wälzen ASAP – As Soon As Possible – so schnell wie möglich AFAIK – As Far As I Know – soviel ich weiß IMHO – In My Humble Opinion – meiner bescheidenen Meinung nach RFM – Read First Manual – lies einmal das Handbuch (bevor du dumme Fragen stellst)
Chat	„Plauderei" mit anderen Personen mithilfe von Computer, Software und Netzwerk, meist Internet. Die Unterhaltung findet in Echtzeit statt. Der getippte Text ist unmittelbar danach beim Partner sichtbar – **aber** auch bei allen anderen Leuten, die sich gerade im Chatroom aufhalten!
Chatroom	Ein virtueller Raum, in dem sich „Chatter" unterhalten können. Er ist oft mit anderen Räumen in einem virtuellen Gebäude untergebracht. Man kann diese Räume je nach Laune betreten, mit den Leuten darin reden und den Raum wieder verlassen.
Newsgroup	Diskussionsforum im Internet zu einem bestimmten Thema.

Theorie 3

Grundwissen / Internet

Begriff	Erklärung
Download	Dateien von einem Server im Internet auf den eigenen Computer „herunterladen“.
Upload	Dateien vom eigenen Computer auf einen Server im Internet „hochladen“.
Host/Client	Host: Ein dauernd mit dem Internet verbundener Computer, der es anderen Computern ermöglicht, ins Internet einzusteigen. Client: Ein Computer oder Programm, das sich zu einem Host (= Server) verbindet und von dort Daten bezieht.
Server	Zentraler Computer (in einem Netzwerk), der Dienste bereitstellt, z. B. Dateien (Fileserver), Internetseiten (Webserver).
Router	Spezielle Rechner, die zur Weitervermittlung von Daten zwischen Rechnern in unterschiedlichen Netzen dienen. Sie können den schnellsten/besten/billigsten Pfad (= Route) zum Partner ermitteln und die Netzauslastung steuern.
Modem	Ein Hardwareteil, das zur Datenübertragung über ein Telefon notwendig ist. Es wandelt die digitalen Computersignale in für ein Telefon brauchbare analoge Signale um – und umgekehrt.
ISDN	Ein digitales Telefonsystem, das gleichzeitig zwei Dienste erlaubt, z. B. Telefonieren und Internet.
DSL	Eine Technologie, die eine schnelle Internetverbindung (= hohe Übertragungsraten) über normale Telefonleitungen ermöglicht.
Standleitung	Eine direkt geschaltete Leitung zu einem Provider, die man mit keinem anderen teilen muss und die nie abgeschaltet wird, deshalb eher teuer.
Virus, Wurm, Trojaner	Unerwünschte Computerprogramme, die Schäden im System anrichten können.
Virenscanner	Ein Programm, das Viren und andere „Schädlinge“ (Würmer, Trojaner) finden und entfernen kann. Zumindest kann es vor ihnen warnen oder den Befall melden.
Firewall	Hard- und/oder Software, die einen Computer vor Angriffen aus dem Internet schützen soll.
Spam-Mail	Massenhaft verschickte, unerwünschte Werbe-E-Mail, belegt Speicherplatz im Mailaccount; das Löschen erfordert viel Zeit.
Administrator	Das ist jene Person, die den Computer bzw. das Netzwerk installiert, konfiguriert (= gestaltet, anpasst), verwaltet. Der Administrator legt Accounts an, vergibt und ändert Passwörter sowie Zugriffsrechte. Er hat **alle Rechte**, er kann und darf alles, natürlich auch das System zerstören („Administratorenrechte“).
User/Benutzer	Vom Blickpunkt der Zugriffsrechte aus ist damit eine Person gemeint, die im System nur jene Rechte hat, die ihr der Administrator zugestanden hat („Userrechte“).

Wem gehört das Internet?

Das Internet gehört eigentlich niemandem, sondern ist ein offenes System. Jeder **kann** Informationen abrufen, aber auch zur Verfügung stellen. Vom Grundgedanken her ist das Internet nicht zensiert, die Informationen sind jedoch nicht auf Richtigkeit überprüft. Daher muss jeder Anwender immer wieder entscheiden, inwieweit er den Daten trauen kann.

Diese „Herrenlosigkeit" führt natürlich zur Frage: Was **darf** man im Internet machen? Jede Kultur hat ihre eigenen gesellschaftlichen und rechtlichen Wertvorstellungen. Was bei uns erwünscht/erlaubt/geduldet ist, ist in anderen Ländern vielleicht gesellschaftlich unerwünscht oder sogar vom Gesetz her verboten.

Da das Internet keine nationalen Grenzen kennt, ist es schwierig festzulegen, was „im Internet" erlaubt ist. Ebenso ist es schwierig, Rechtsverstöße zu verfolgen, da ja keine nationale Polizei und kein nationales Gericht für „das Internet" zuständig sind.

Werden Gesetze überschritten, so kann jedes Land daher nur auf jene Server bzw. Webseiten zurückgreifen, die sich im jeweiligen Zuständigkeitsbereich befinden.

Ein großes, immer wieder aktuelles Problem ist das „Herunterladen" von Dateien, besonders von Musik und Filmen.

Was darf man aus dem Internet „downloaden"?

Das ist eine Frage, die man als Nichtjurist nicht so leicht beantworten kann, hauptsächlich auch deshalb, weil sich die Rechtslage in diesem Bereich in kurzen Abständen ändert, leider fast ausschließlich zum Nachteil der Benutzer.

Gerade im Zusammenhang mit dem Download von Musik und Filmen wird immer von „Urheberrecht" gesprochen. Dabei muss man eigentlich zwischen zwei Begriffen unterscheiden:

Urheberrecht: Das Recht eines Menschen auf seine geistige oder künstlerische Leistung. Der Urheber hat auch das Recht, sein Werk zu verwerten (Vervielfältigung, Verbreitung). Es ist nur **fair**, die Leistungen der Urheber (Künstler, Verfasser, Autoren, ...) entsprechend zu honorieren, indem man ihre Werke auch kauft, anstatt sie nur zu downloaden bzw. zu kopieren.

Nutzungsrecht/Verwertungsrecht: Da die Urheber meist nicht die Möglichkeit zur Vermarktung ihrer Werke haben, übertragen sie die Rechte zur Nutzung bzw. Verwertung derselben an entsprechende Firmen. Das Urheberrecht ist und bleibt jedoch in fast allen Ländern beim Urheber.

Prinzipiell gilt: Nicht alles, was technisch machbar ist, darf man auch. Aber wir dürfen mehr, als uns die Inhaber der Rechte (Musik- und Filmindustrie) oft zugestehen wollen.

In diesem Zusammenhang ergeben sich einige Fragen:

Frage	Antwort
Darf ich Musik oder Filme (z. B. aus einer „Tauschbörse“) herunterladen?	In Deutschland und Österreich ziemlich sicher **nicht**. Die Bestimmungen dazu werden ständig verschärft. Am besten: **Finger weg!**
Wer kann das kontrollieren?	Spezielle Software kann Netzwerkverbindungen zu Tauschbörsen und Downloads registrieren, die IP-Adresse des Downloaders protokollieren und den dazugehörigen Provider bestimmen. Dieser könnte dann natürlich die Person hinter der IP-Adresse feststellen.
Kann ich für illegale Downloads bestraft werden?	**Ja!** Schlimmer als strafrechtliche Konsequenzen sind jedoch eventuelle Schadenersatzansprüche der Rechteinhaber. Die dabei geforderten Summen sind durchweg jenseits jeder Realität.
Darf ich Musik-CDs/Film-DVDs kopieren?	In Deutschland und Österreich: Wenn es die eigene **Original-CD/DVD** ist und solange dabei kein Kopierschutz umgangen wird, **ja.**
Darf ich kopierte CDs/DVDs verschenken oder verkaufen?	Wenn die Kopie rechtmäßig ist (siehe oben), darf man eine kleine Anzahl (**derzeit** ca. 5–7 Stück) an Leute im **engsten** Familien- und Freundeskreis verschenken. **Verkaufen – natürlich nicht!**
Warum muss man für CD-/DVD-Rohlinge Urheberrechtsabgabe bezahlen?	Als Ausgleich dafür, dass man darauf Musik, Filme usw. kopiert, statt sie zu kaufen.

Wie gefährlich/sicher ist das Internet?

Gleich vorweg: Das Internet ist alles andere als sicher!

Eine Verbindung ins Internet ist wie eine offene Tür in die Welt. Wo „etwas“ hinaus kann, kann auch „etwas“ hereinkommen. Ein „Etwas“, das herein will, ist in der Regel nicht freundlich gesinnt!

Hier denken wir in erster Linie an:

- Viren
- Würmer
- Trojanische Pferde („Trojaner“)
- Spyware
- Adware
- Hacker/Cracker

Viren

Beschreibung	Ein Computervirus ist ein Programm, das sich in anderen Programmen einnistet und so für seine Verbreitung sorgt.
Verbreitung	Durch Starten eines infizierten Programmes bzw. einer infizierten CD/DVD.
Funktion	Unterschiedliche Auswirkungen, wie z. B.: • Buchstaben „zerbröseln“ und rieseln in die Taskleiste. • Die Formatierung der Festplatte wird angedroht, aber doch nicht durchgeführt. • Die Formatierung der Festplatte wird nicht angedroht, aber durchgeführt. • Daten werden verändert oder zerstört. • Der Computer wird „in 30 Sekunden“ heruntergefahren.

Vorbeugung:

- Ein Virenscanner mit aktueller Virendatenbank. Virenscanner müssen regelmäßig (am besten täglich über das Internet) aktualisiert werden.
- Nur mit den passenden Rechten (= eingeschränkte Userrechte) arbeiten.

Würmer

Beschreibung	Ein elektronischer Wurm ist ein Programm, das versucht, sich über das Netz auf andere Computer zu übertragen.
Verbreitung	Viele Möglichkeiten, hier nur einige: • infizierte Mails • infizierte Webseiten • Chatrooms • Sicherheitslücken im Betriebssystem • Sicherheitslücken in Anwendungsprogrammen
Funktion	Haben nicht unbedingt eine Schadensfunktion eingebaut, aber durch die meist lawinenartige Verbreitung legen Würmer oft Computer und Netzwerke lahm. Werden oft als Verbreitungsweg für andere Schädlinge (Trojaner) verwendet.

Vorbeugung:

- Virenscanner
- Firewall
- Betriebssystem und Programme auf dem aktuellen Sicherheitsstand halten.
- Nur mit den passenden Rechten (= eingeschränkte Userrechte) arbeiten.
- Dateierweiterungen **nicht** ausblenden (Windows-Explorer → Extras → Ordneroptionen → Ansicht → Erweiterungen bei bekannten Dateitypen ausblenden), d. h. **kein** Häkchen davor setzen. So kann man verdächtige Dateien (in Mails) leichter erkennen.

Ein Beispiel: Wir bekommen eine E-Mail mit einer angehängten Datei. Wie könnte diese Datei aussehen?

		Datei erscheint als	Datei erscheint als
1. Möglichkeit	Dateierweiterung ausgeblendet	Urlaubsfoto	Urlaubsfoto.jpg
	Dateityp	Wissen wir nicht, wir sehen ja keine Erweiterung.	Wissen wir nicht, wir sehen ja keine Erweiterung (obwohl es so aussieht), **aber**: die Datei gibt vor, eine Grafikdatei (.JPG) zu sein. **Vorsicht!**
2. Möglichkeit	Dateierweiterung nicht ausgeblendet	Urlaubsfoto.jpg	Urlaubsfoto.jpg.exe
	Dateityp	Eine Grafikdatei, vielleicht wirklich ein Foto.	**Erwischt!** Die Datei gibt vor, eine Grafikdatei zu sein, ist aber in Wirklichkeit ein Programm, wahrscheinlich bösartig. **Ungeöffnet löschen!**

Trojanische Pferde („Trojaner")

Beschreibung	Ein auf den ersten Blick nützliches Programm, das aber versteckte, unerwünschte Funktionen enthält.
Verbreitung	Häufig als Teil von Gratisprogrammen, sehr oft auch in Form eines „Wurms".
Funktion	Durch Starten des erwünschten Programms wird auch der unerwünschte Teil aktiviert. Hier nur einige Bespiele: • Die verschiedensten persönlichen Daten werden gesammelt (siehe Spyware). • Fernsteuerung des Rechners, z. B. um Spam-Mails zu verschicken oder einen Angriff auf andere Computer zu starten („DDOS-Attacke"). • Belegung von Speicherressourcen, um (meist illegale) Daten zu deponieren und im Internet bereitzuhalten.

Vorbeugung:

- Virenscanner
- Firewall
- spezielle Anti-Trojaner-Programme
- Misstrauen gegenüber Gratissoftware aus fragwürdigen Quellen
- Betriebssystem und Programme auf dem aktuellen Sicherheitsstand halten.
- Nur mit den passenden Rechten (= eingeschränkte Userrechte) arbeiten.

Spyware

Beschreibung	Von „Spy“ = Spion; eine Software, die heimlich persönliche Daten des Benutzers ausspioniert und an eine bestimmte Adresse im Internet schickt.
Verbreitung	Wird oft als Teil von Gratisprogrammen (oder Testversionen) mitgeliefert und ohne Wissen des Benutzers installiert (siehe Trojaner).
Funktion	Die verschiedensten persönlichen Daten werden gesammelt: Passwörter, Kontodaten, Kreditkartennummern, Surfgewohnheiten, System- und Programmversionen usw. Die Daten werden an den Hersteller der Spyware geschickt, der sie an interessierte Kunden verkauft. Die Kunden verwerten diese Daten entsprechend: • Firmen schicken genau passende Werbung, weil sie über Surfgewohnheiten des Benutzers Bescheid wissen. • Die Kreditkartendaten des Benutzers werden zum Einkaufen verwendet. • Mit den Kontodaten des Benutzers wird versucht, einzukaufen oder direkt vom Konto Geld abzubuchen. • Mit den Passwörtern wird das Internet-Mailsystem zum Verschicken von Spam-Mails missbraucht.

Vorbeugung:

- Virenscanner
- Firewall
- spezielle Anti-Spyware-Programme
- Misstrauen gegenüber Cookies
- Misstrauen gegenüber Gratissoftware, die „statistische Daten“ sammelt
- Betriebssystem und Programme auf dem aktuellen Sicherheitsstand halten.
- Nur mit den passenden Rechten (= eingeschränkte Userrechte) arbeiten.

Adware

Beschreibung	Von „Advertisement“ = Werbung; ein kostenloses Programm (= „Freeware“), das im Betrieb regelmäßig Werbung anzeigt, um es zu finanzieren.
Verbreitung	Bewusste Installation durch den Benutzer.
Funktion	Adware selbst ist nicht unbedingt gefährlich, aber auf die Dauer wahrscheinlich lästig. Allerdings werden neue Werbebotschaften aus dem Internet nachgeladen. Dabei können einerseits Daten (des Benutzers) an die Werbefirma gesendet werden, andererseits öffnet dieser Datentransfer eine Sicherheitslücke. Ein solcher Transfer rückt Adware natürlich in die Nähe von Spyware.

Vorbeugung:

- Virenscanner
- Firewall
- spezielle Anti-Adware-Programme
- Verzicht auf die Installation solcher Programme

Hacker/Cracker

Beschreibung	Eine Person, die sich unerlaubt Zugang zu fremden Computersystemen verschafft. Die Unterscheidung Hacker – Cracker ist nicht genau definiert. Insider sehen im Hacker jemanden, der „nur" beweisen will, dass man ins System eindringen kann, im Cracker jemanden, der eher böse Absichten hat.
Vorgangsweise	Entwicklung und Einsatz von Programmen, um in fremde Systeme einzudringen. Alle bisher beschriebenen Techniken werden verwendet – und einige mehr (z. B. Backdoor Programme, Social Engineering, Rootkits).
Funktion	Je nach persönlicher Einstellung von harmlos („Ich schau mich nur mal um…") über das Sammeln persönlicher Benutzerdaten bis zur Veränderung oder Zerstörung von Datenbeständen.

Vorbeugung:

- alle bereits beschriebenen Möglichkeiten
- Eine wirkliche Abwehr eines erfahrenen und entschlossenen Hackers/ Crackers ist beinahe unmöglich. Sogar gut gesicherte Systeme (z. B. große Banken, NORAD – das amerikanische Raketenabwehrsystem, NSA – amerikanischer Nachrichtendienst, das Pentagon) wurden schon „gehackt".

Schlussbemerkung zum Thema Sicherheit

Viele Probleme können vermieden werden, wenn einige einfache Regeln beachtet werden:

- Nicht als „Administrator" im Internet unterwegs sein, sondern als Benutzer mit eingeschränkten Rechten. Denn: Jeder eventuelle „Schädling" kann dieselben Rechte nutzen wie der Benutzer, der ihn gestartet hat. Ist der Benutzer mit Administratorenrechten unterwegs, so stehen dem Schädling alle Möglichkeiten offen. Ist der Benutzer mit Userrechten (= eingeschränkten Rechten) im Netz, so kann ein Schadprogramm weniger anrichten.
  In der Verwaltung der Benutzerkonten besteht die Möglichkeit, Accounts mit unterschiedlichen Rechten anzulegen (Systemsteuerung → Benutzerkonten).
- Alle Benutzerkonten unbedingt mit einem Kennwort absichern.
  Achtung: In der Standardeinstellung haben Benutzerkonten (**auch der Administrator!**) kein Kennwort.

- Ein einigermaßen sicheres Kennwort verwenden.
  Vernünftig ist eine „sinnlose“ Abfolge von Buchstaben (groß/klein) und Zahlen. Um sich „sinnlose“ Kennwörter leichter merken zu können, gibt es eine gute Methode: Man denkt sich einen Satz aus, nimmt die Anfangsbuchstaben der Wörter als Kennwort und mischt noch Zahlen darunter.
  Ein Beispiel: Satz: „Da kommst du nicht hinein, Virus, gib Acht.“
  Kennwort: „DkdnhVg8“
- Ein **aktueller** Virenscanner und eine **aktuelle** Firewall sind ein Muss!

Wie komme ich ins Internet?

Die Entwicklung auf diesem Gebiet ist unglaublich schnell. Vor einigen Jahren war eine Verbindung ins Internet nur über einen Computer möglich. Inzwischen kann man auch mit Mobiltelefon (Handy), Taschencomputer (PDA, Organizer), Fernseher usw. ins Internet einsteigen.

Technische Voraussetzungen:
- Computer (Handy, PDA, ...)
- Verbindung ins Netz (Kabel mit Modem, Funk über Telefon oder Satellit)
- Provider
- Browser

Netiquette im Internet – braucht man das?

Der Begriff „Netiquette“ leitet sich ab von „Net“ (= Netz) und „Etiquette“ (Etikette = Umgangsformen) und meint „empfohlene Verhaltensregeln im Internet“. Wie im persönlichen Umgang miteinander ist es auch im elektronischen Umgang angebracht, ein gewisses Maß an Höflichkeit walten zu lassen. Hier einige wichtige Regeln:

- Nicht vergessen: Am anderen Ende der Leitung sitzt auch ein Mensch!
- Erst lesen, dann denken, dann antworten.
- Keine Beleidigungen oder Schimpfwörter!
- Jeder hat das Recht auf freie Meinungsäußerung.
- Private Meinungen anderer nie ohne deren Erlaubnis ins Netz stellen.
- Keine unverlangte Werbung veröffentlichen.
- Rechtschreibfehler nicht kritisieren.
- Mitteilungen sollen kurz und bündig sein.
- „IN GROSSBUCHSTABEN SCHREIBEN“ bedeutet „Schreien“, „in kleinbuchstaben schreiben“ zeugt von Bequemlichkeit.
- Vorsicht bei Sarkasmus (= beißender Spott) und Humor, die Gefahr von Missverständnissen ist groß. Um Gefühle auszudrücken, wurden die Emoticons/Smileys erfunden.
- Bei E-Mails unbedingt einen sinnvollen „Betreff“ angeben. Das erleichtert das Suchen und Sortieren der Mails.

Gibt es im Internet Datenschutz/Schutz der Privatsphäre?

Gleich vorweg: Jeder, der im Internet surft, hinterlässt Spuren, meist unabsichtlich, unbewusst oder einfach unbedacht. Daher ist es umso wichtiger, ein paar grundsätzliche Dinge zu bedenken:

- Alles, was irgendwie ins Internet gelangt, ist u. U. „auf ewige Zeiten" abrufbar. Was heute lustig sein mag, ist in zehn Jahren vielleicht eher peinlich (z. B. ein verrücktes oder gewagtes Foto aus der Jugend oder eine extreme Meinungsäußerung in einem Diskussionsforum).
  Daher: Überlege gut, welche Fotos bzw. Videos du ins Netz stellst. Auch in einem Forum gilt: Erst denken, dann schreiben!
- Was sich einmal im Internet befindet, ist kaum wieder zu beseitigen. Man kann unerwünschte Daten von einer Webseite löschen lassen, indem man mit dem Betreiber der Seite Kontakt aufnimmt. Wenn der Wunsch gerechtfertigt ist, so wird es wahrscheinlich keine Probleme geben. Wenn diese Daten aber von anderen Surfern kopiert wurden, könnten sie eventuell später wieder im Netz auftauchen.
- Mit persönlichen Daten von Internet-Surfern können Firmen Geld verdienen, indem sie z. B. die Daten an Firmen verkaufen, welche dann passende Werbung verschicken.
- Immer mehr Firmen suchen Informationen über Stellenbewerber im Internet. „Peinliche" Fotos oder Videos wirken sich sicherlich nicht positiv auf die Bewerbung aus.
- Eine Unterhaltung im Chatroom ist wie ein Gespräch in der Öffentlichkeit – jeder kann mithören/mitlesen. Daher: Keine persönlichen Daten (echter Name, Adresse, Handynummer, ...) im Chat austauschen.
- Die Datenübertragung im Internet ist ungeschützt. Der Weg der Daten im Netz ist undurchsichtig und kann über viele Server führen. Das bedeutet, dass jeder mit Zugriff auf einen dieser Server meine Daten auch lesen (und kopieren) kann. Daher: Sensible Daten (E-Mails!) nur verschlüsselt verschicken. Dazu gibt es gute Gratisprogramme, eines der bekanntesten ist „Pretty Good Privacy"(PGP).

Zum Schluss noch ein Tipp: Möchte man wissen, welche Informationen über die eigene Person im Netz zu finden sind, so empfiehlt sich ein „Google-Check": Suche einmal deinen Namen in einer Suchmaschine (z. B. Google)!

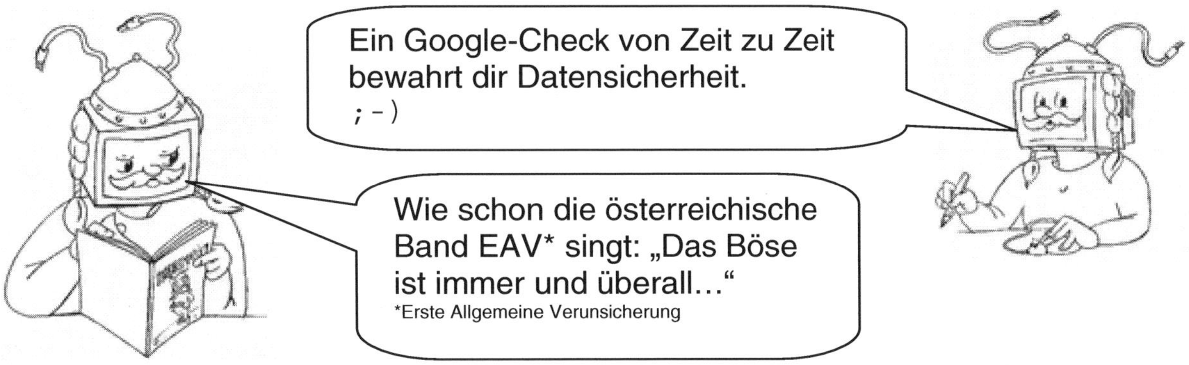

Früh gefreut, spät bereut …

(Inspiriert von einem Comic in der Mitgliederzeitschrift der Arbeiterkammer Wien, April 2008)

Was ist ein Datenbankprogramm?

Ein Datenbankprogramm wie Access dient dazu, Daten zu sammeln, zu verwalten und darzustellen.

Eine Datenbank ist eine Ansammlung von „Tabellen", die zueinander in Verbindung stehen.

Diese „Tabellen" erinnern uns an Excel-Tabellen, nur werden andere Begriffe verwendet:

Excel	Access
Tabellenblatt	Tabelle
Zeile	Datensatz
Spalte	Spalte
Zelle	Datenfeld, Feld

Datensatz: Das sind alle Felder einer Zeile.
Um die einzelnen Datensätze voneinander unterscheiden zu können, verwendet man einen sogenannten Primärschlüssel.

Ein **Primärschlüssel** ist ein Identifikationsmerkmal, das in der Tabelle nur ein einziges Mal vorkommt. Dafür verwendet man sinnvollerweise Zahlen.

Wie erstellt man Tabellen?

Nach dem Öffnen einer Datenbank sieht man das Datenbankfenster.

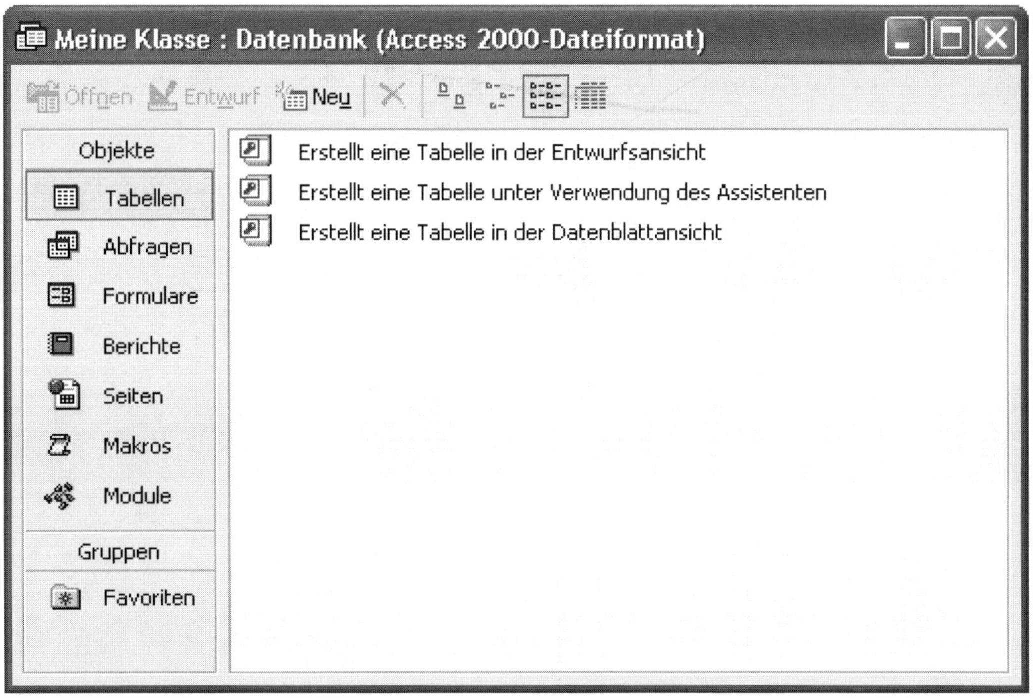

Für das Erstellen von Tabellen präsentiert uns Access drei Methoden, wobei wir nur die ersten beiden genauer betrachten wollen.

Erstellung einer Tabelle unter Verwendung des Assistenten

Der „Assistent" ist die einfachste und schnellste Art, eine Tabelle zu erstellen, weil er uns viele Vorschläge und Auswahlmöglichkeiten bietet. Außerdem kann man jeden Schritt rückgängig machen oder verändern. Prinzipiell ist der Ablauf bei der Erstellung von Tabellen, Abfragen, Formularen und Berichten sehr ähnlich.

Im ersten Fenster des Tabellen-Assistenten kann man aus dem geschäftlichen oder privaten Bereich eine passende Beispieltabelle mit den dazugehörigen Feldern aussuchen. Man kann auch die Felder aus mehreren Beispieltabellen miteinander kombinieren. Feldnamen, die nicht den Vorstellungen entsprechen, kann man ändern.

Im zweiten Fenster wird der Name der Tabelle festgelegt und ob man den Primärschlüssel selbst festlegen will.

Im dritten Fenster entscheidet man, ob man den Tabellenentwurf ändern oder gleich Daten eingeben möchte.

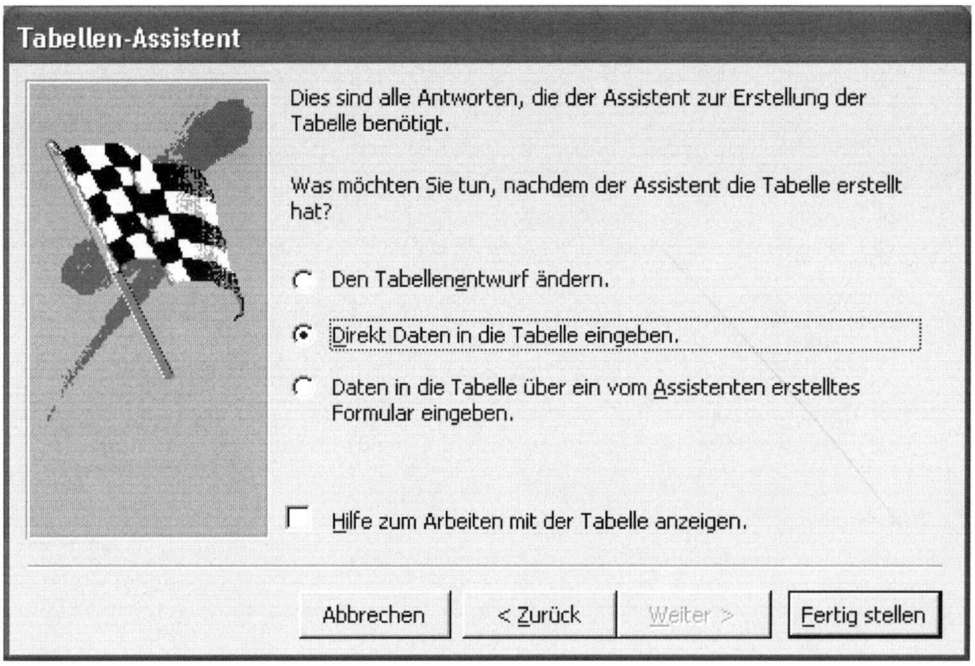

Das sind alle Informationen, die der Assistent braucht, um die Tabelle fertigstellen zu können.

Erstellung einer Tabelle in der Entwurfsansicht

Diese Methode bietet die größten Möglichkeiten an Kreativität in der Tabellenerstellung, ist aber nicht für Datenbank-Anfänger geeignet. In der Praxis ist die Entwurfsansicht aber ein notwendiges Mittel, um Änderungen an Layout und Eigenschaften vorzunehmen.

Grundsätzlich sollte man beim Erstellen einer Tabelle einige Punkte beachten:

- Aussagekräftige, aber nicht zu lange Feldnamen verwenden.
- Einen geeigneten Felddatentyp wählen.

  Beispiele für die häufigsten Felddatentypen:

Feldinhalt	**Felddatentyp**	**Feldgröße / Speicherplatz**	**Anmerkung**
Name	Text	50	Der Name kann höchstens 50 Zeichen lang sein.
Adresse	Text	255	Platz für 255 Zeichen.
Anmerkungen	Memo	ca. 65 KB	So viel Platz wirst du sicher nie brauchen.
Datum	Datum/Uhrzeit	intern festgelegt	Verschiedene vorgegebene Darstellungsmöglichkeiten.
Nummer	Zahl	je nach Auswahl	Verschiedene vorgegebene Auswahlmöglichkeiten. Meist genügt „Long Integer“.
Foto/Musik	OLE-Objekt	bis zu 1 GB	Für sämtliche „Objekte“, z. B. Excel-Tabellen, Word-Dokumente, PowerPoint-Präsentationen, Grafiken, Musik.

- Immer wiederkehrende Daten in eigene Tabellen auslagern und diese mit der Haupttabelle verknüpfen. Dadurch wird Platz in der Haupttabelle gespart, weil statt des eigentlichen Begriffes (z. B. Lieblingsspeise: „Wiener Schnitzel mit Kartoffelsalat“) nur die Nummer des Eintrages (z. B. Lieblingsspeise: „4“) aufscheint.

  In der Haupttabelle sind die Lieblingsspeisen nur mit Zahlen angegeben:

Freunde : Tabelle

Nr	Name	Geburtsdatum	Lieblingsspeise
1	Max Huber	12.05.1994	2
2	Hans Meier	04.10.1994	1
3	Hanna Schmied	23.07.1994	4
4	Susi Taler	30.03.1994	3

Um die Lieblingsspeisen (in einer Abfrage, in einem Formular oder in einem Bericht) abrufen zu können, muss auf die verknüpfte Tabelle „Lieblingsspeisen“ zugegriffen werden.

Lieblingsspeisen : Tabelle

Nr	Speise
1	Pizza Margherita
2	Hamburger mit Pommes Frittes
3	Hot Dog mit Bratwurst
4	Wiener Schnitzel mit Kartoffelsalat
5	Schweinsbraten mit Knödel

In der Datenbank wird diese Beziehung so dargestellt:

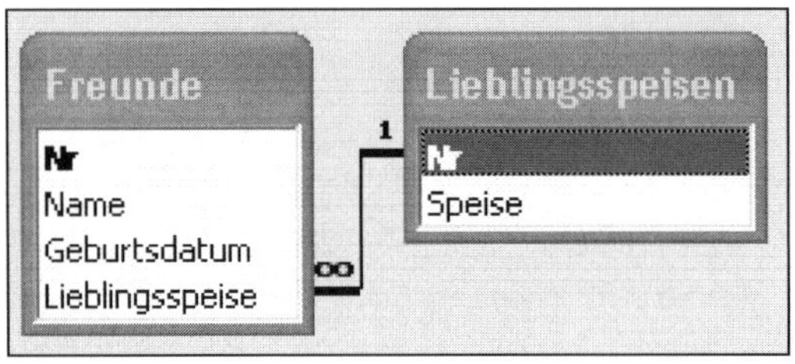

Wie erstellt man eine Abfrage?

Eine Abfrage sucht aus einer oder mehreren Tabellen Datensätze zusammen, die bestimmte Kriterien erfüllen, und stellt die ausgewählten Felder dar.

Solche Abfragen können z. B. sein:

- Gesucht sind: Vorname, Nachname und Adresse aller Angestellten, die mehr als 3000 € im Monat verdienen. Die Liste soll alphabetisch nach Nachnamen sortiert sein.
- Gesucht sind: Name, Adresse, Geburtsdatum, Telefonnummer und E-Mail-Adresse aller meiner Freunde, deren Lieblingsspeise Pizza ist. Die Liste soll nach Geburtsdatum sortiert sein.
- Gesucht sind jene zehn Mitarbeiter der Firma, die im vorigen Geschäftsjahr den höchsten Umsatz hatten.
- Für eine Umfrage werden gesucht: Männliche Personen aus dem Raum Salzburg ab einem Alter von 40 Jahren mit mindestens zwei schulpflichtigen Kindern, einem Familieneinkommen zwischen 2000 € und 4000 € und einem deutschen Mittelklasseauto.

Die Erstellung einer Abfrage mit dem Assistenten erfolgt in zwei Arbeitsschritten: Im ersten Fenster werden die gewünschten Felder der beteiligten Tabellen ausgewählt. Anschließend wird die Abfrage benannt und fertiggestellt. Werden Felder mehrerer Tabellen benötigt, so müssen die betreffenden Tabellen miteinander verknüpft sein.

Nachträgliche Änderungen der Abfrage (z. B. Sortierung, andere Kriterien) können nur in der Entwurfsansicht (bzw. im „Abfrageentwurf“) durchgeführt werden.

Wie erstellt man ein Formular?

Ein Formular dient hauptsächlich zur Eingabe oder Darstellung von Daten. Meistens beziehen Formulare ihre Daten aus Tabellen oder Abfragen der Datenbank. Normalerweise verwendet man auch grafische Elemente wie Linien, Rechtecke und Bilder, um das Formular ansprechend zu gestalten. Außerdem kann man die Eigenschaften aller Objekte des Formulars ändern.

Ablauf beim Erstellen eines Formulars mit dem Assistenten:

<table>
<tr><th>Arbeitsschritte</th><th>Anmerkung</th></tr>
<tr><td>Gewünschte Felder aus den vorhandenen Tabellen auswählen.
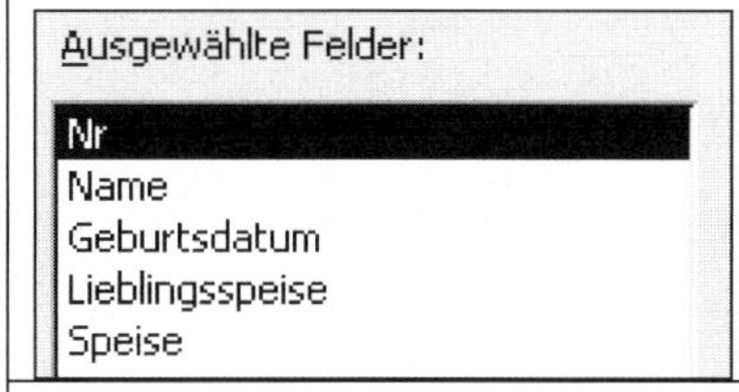
</td><td>Auf eine sinnvolle Reihung der Felder achten.</td></tr>
<tr><td>Auswählen, wie die Daten im Formular angezeigt werden sollen: nach Freunde oder nach Lieblingsspeisen.

</td><td>Daraus resultiert eine Gruppierung.
Angezeigt werden alle Freunde mit ihren Lieblingsspeisen.
Angezeigt werden alle Speisen mit den „dazugehörigen“ Freunden.</td></tr>
<tr><td>Gewünschtes Layout auswählen
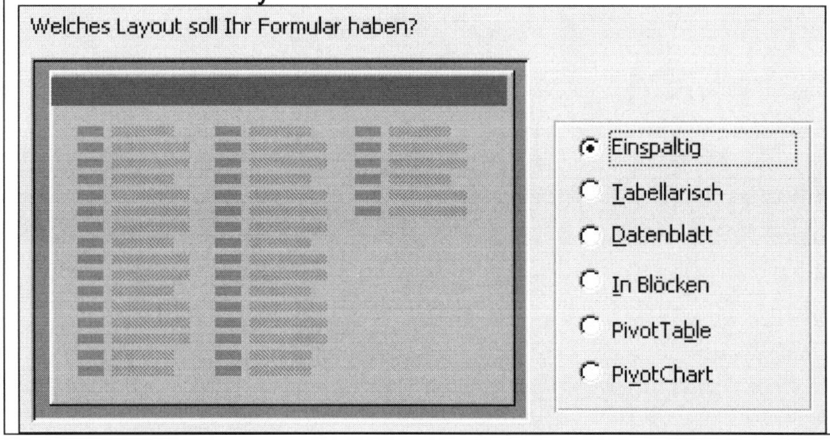
</td><td>Nicht jedes Layout ist für jedes Formular geeignet.
Das ist davon abhängig, wie die Daten am besten zu lesen sind.</td></tr>
</table>

<table>
<tr><th>Arbeitsschritte</th><th>Anmerkung</th></tr>
<tr><td>Format des Formulars wählen.
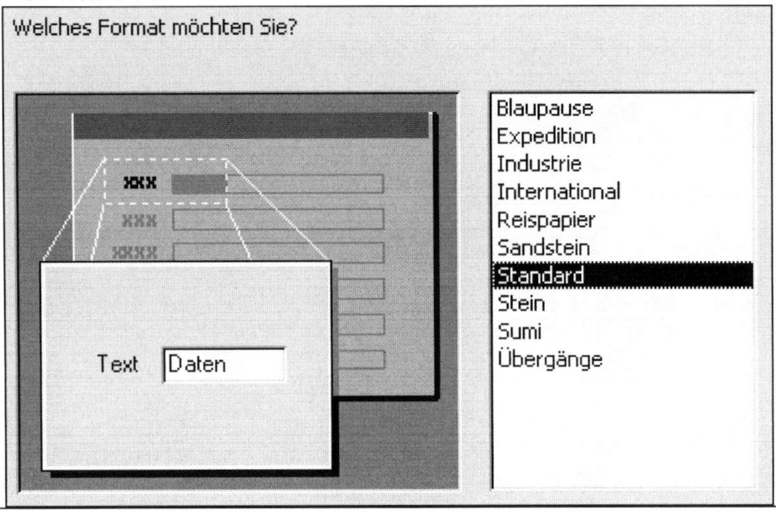
</td><td>Bevor man sich endgültig entscheidet, kann man in der Vorschau die verschiedenen Möglichkeiten ausprobieren.</td></tr>
<tr><td>Formular benennen, öffnen oder verändern, fertigstellen.
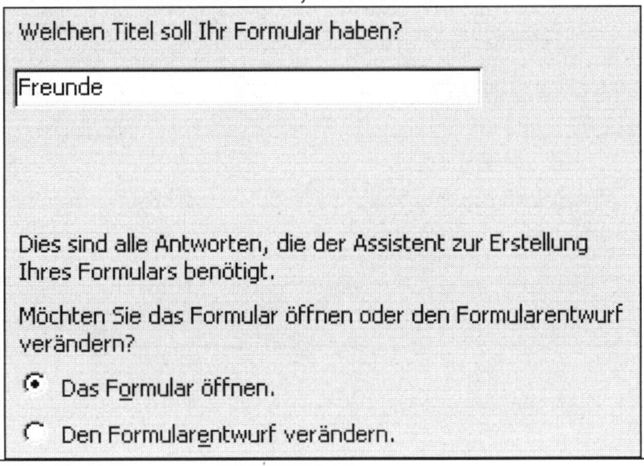
</td><td>Möchte man jetzt schon das Formular ändern, so wird in die Entwurfsansicht gewechselt.</td></tr>
</table>

Wie erstellt man einen Bericht?

Ein Bericht ist eigentlich nichts anderes als ein Formular, das zum Ausdrucken gedacht ist. Deshalb sind die Möglichkeiten, die Daten zu gruppieren und zu sortieren, viel umfangreicher. Inwieweit Gruppierungen und Sortierungen sinnvoll sind, hängt auch von der Struktur der Daten ab. Berichte können ebenso wie Formulare in der Entwurfsansicht grafisch gestaltet werden.

Mit Datenbanken zu arbeiten, gehört sicherlich zu den schwierigeren Aufgaben eines Anwenders. Einen guten Eindruck von den Möglichkeiten einer Datenbank bietet die Beispieldatenbank „Nordwind“. Sie wird mit Access mitgeliefert und sollte installiert sein. Es ist durchaus sinnvoll, sich mit ihr ein wenig auseinanderzusetzen!

Wir wollen Informationen suchen

Die Möglichkeit, Informationen zu finden, gehört wohl zu den besten Eigenschaften des Internets. Unser heutiger Alltag wäre ohne das Internet kaum noch vorstellbar.

Durch die unvorstellbare Menge der Daten „im Netz“ ist die Informationsbeschaffung ohne Suchmaschinen nicht mehr durchführbar. Die derzeit bekannteste Suchmaschine ist „Google“, mit der wir deshalb arbeiten werden.

Starte den Internet Explorer und verbinde dich zur Google-Startseite.

Wie in jeder Suchmaschine gibt es auch bei Google diverse Kniffe, eine Suche effizient, schnell und erfolgreich zu gestalten.

Im Folgenden werden wir einige Möglichkeiten ausprobieren, die uns Google anbietet.

1. Suchauftrag – passende Suchbegriffe auswählen

Wir würden gerne Urlaub in Kroatien machen.
Die Suche nach urlaub kroatien ergibt ca. 700.000 Ergebnisse. Das ist eindeutig nicht überschaubar.
Groß- und Kleinschreibung wird bei der „einfachen“ Suche nicht berücksichtigt.
Standardmäßig sucht Google nur Seiten, die **alle** eingetragenen Begriffe enthalten – man kann sich zwischen den eingegebenen Wörtern ein „und“ vorstellen.
Gib an, wie viele Ergebnisse Google heute bei dir findet: ___

Eigentlich würden wir gerne campen und windsurfen.
Wir ergänzen die Suche auf: urlaub kroatien camping windsurfen.
Das ergibt ca. 6000 Ergebnisse – das klingt schon besser, aber noch nicht gut!
Gib an, wie viele Ergebnisse Google heute bei dir findet: ___

Freunde haben einmal von Istrien erzählt, dort soll es sehr schön sein. Wenn wir auch diesen Begriff verwenden, bekommen wir etwas über 1000 Ergebnisse.

Das macht die Suche schon viel einfacher.
Gib an, wie viele Ergebnisse Google heute bei dir findet: ___

Wenn du die Reihenfolge der Suchbegriffe änderst, kann das starke Auswirkungen auf die Anzahl der Ergebnisse haben.

Bei welcher Anordnung der Begriffe erzielst du die wenigsten Ergebnisse?

___

Öffne fünf Seiten jeweils mit Rechtsklick immer in einem neuen Fenster. Das hat den Vorteil, dass du leicht wieder zur Übersichtsseite zurückwechseln kannst. Vielleicht findest du auf diesen Seiten noch weitere Möglichkeiten, die Suche einzugrenzen und dir die Entscheidung zu erleichtern.

Wenn du nur „Seiten auf Deutsch“ suchst, kannst du das Ergebnis noch einmal verbessern.

Wenn du ein mögliches Urlaubsziel gefunden hast, so füge die Seite (mit Rechtsklick) zu deinen Favoriten hinzu. So kannst du immer wieder schnell darauf zugreifen.

2. Suchauftrag – Wortgruppe/genauen Text suchen

Ein Lied, das ich gehört habe, geht mir nicht mehr aus dem Kopf. Leider habe ich mir nur diese eine Textpassage gemerkt: „I'm an alien, I'm a legal alien". Ich möchte gerne den Text des Liedes haben und den Interpreten herausfinden.
Soll Google einen bestimmten Text finden, so muss man ihn in Anführungszeichen setzen. Manchmal erschweren Satzzeichen im Text (z. B. Hochkomma, Beistrich, Punkt) die Suche, manchmal helfen sie.
Suche den Text in verschiedenen Schreibweisen und gib an, ob deine Suche schnell (= auf der ersten Seite) zum Erfolg geführt hat.

Suchtext	Gefunden auf 1. Seite? Ja/Nein
„I am an alien"	
„I'm an alien"	
„Im an alien"	

Der Titel des gesuchten Liedes heißt: ______________________

Der Interpret des gesuchten Liedes heißt: ______________________

3. Suchauftrag – Begriff finden trotz Tippfehler

Wir wollen die Webseite von „Porsche" finden. Auch wenn wir uns vertippen (z. B. porshe), kombiniert Google meist richtig und schlägt uns die seiner Meinung nach „korrekte" Schreibweise vor.

Bei welcher Schreibweise führt die Suche nach der Automobilfirma Porsche zum Erfolg?

Suchtext	Gefunden auf 1. Seite? Ja/Nein
Porrsche	
Borsche	
Porschee	

Besuche die Webseite von Porsche (www.porsche.com). Gib an, wie viele Niederlassungen die Firma in Afrika hat: ____

4. Suchauftrag – Begriff finden „Auf gut Glück“

Die Suche „Auf gut Glück“ ist dafür gedacht, die Webseiten von bekannten Firmen, Institutionen oder auch Personen zu suchen, die mit großer Wahrscheinlichkeit eine eigene Internetseite haben.
Wählt man „Auf gut Glück“, so kommt man direkt auf jene Seite, die an erster Stelle der Suchergebnisliste stünde.
Suche uni hamburg auf beide Arten, um diese Behauptung zu überprüfen!

[Google-Suche] [Auf gut Glück!]

Wie heißt der Rektor der Universität Hamburg?

____

5. Suchauftrag – Begriff finden mit „Erweiterte Suche“

Die erweiterte Suche ermöglicht eine Suche nach speziellen Kriterien.
Finde Daten von Heidi Klum mit folgenden Angaben:

Ergebnisse finden	mit **allen** Wörtern	heidi klum	10 Ergebnisse
	mit der **genauen Wortgruppe**		
	mit **irgendeinem** der Wörter		
	ohne die Wörter		
Sprache	Antwortseiten, geschrieben in	Deutsch	
Region	Gesuchte Seiten befinden sich in:	Schweiz	
Dateiformat	Ausschließlich – Ausgabe von Ergebnissen des Dateiformats	irgendein Format	
Datum	Suche nach zuerst gesichteten Webseiten in den	im letzten Jahr	
Position	Antwortseiten, in denen meine Begriffe vorkommen	irgendwo auf der Seite	
Domains	Ausschließlich – Antwortseiten von der Site oder Domain	Beispiele: .org, google.com Weit	
Nutzungsrechte	Ergebnisse zurückgeben, die	nicht nach Lizenz gefiltert sind	

Wie heißen die Kinder von Heidi Klum? ______________________________

6. Suchauftrag – Erweiterte Bildsuche

Gehe in den Bereich Bildersuche. Gib bei „Erweiterte Bildsuche“ den Begriff okapi ein. Wähle für die Suche folgende Kriterien aus:

Web **Bilder** Maps News Shopping Google Mail Mehr ▾

- ◉ Beliebiger Content
- mittel
- BMP Dateien
- irgendwelchen Farben

An welches Tier erinnern dich die Beine des Okapis?

____

Wir wollen ein E-Mail-Konto einrichten

Üblicherweise bieten Internetprovider auch E-Mail-Dienste an. Um diesen Dienst zu nutzen, benötigt man normalerweise ein Mailprogramm wie z. B. Outlook Express oder Outlook. Da die Verfügbarkeit dieser Programme in den Schulen nicht immer gewährleistet ist, wählen wir für unsere Beispiele eine andere Möglichkeit, nämlich einen kostenlosen Mailaccount bei einem sogenannten Freemail-Provider (= Gratismail-Anbieter).

Einige Firmen bieten solche Gratisdienste an. Die Finanzierung erfolgt großteils oder ausschließlich über die „mitgelieferte" Werbung. Meist kann man auch mit kostenpflichtigen Erweiterungen die Möglichkeiten des Accounts vergrößern, wie z. B. mehr Speicherplatz für Mails, SMS-Dienst, verbesserter Viren- und Spamschutz, Onlinespeicherplatz („Online-Festplatte"), Möglichkeiten zur Betreibung einer Homepage.

Ein bewährter Freemail-Provider, mit dem wir schon gute Erfahrungen gesammelt haben, ist GMX. Deshalb werden wir bei GMX ein E-Mail-Konto einrichten und die wichtigsten Funktionen dazu kennenlernen.

Hinweis: Beachte, dass die verwendeten Bildbeispiele Teil einer Webseite und unter Umständen schon nach kurzer Zeit nicht mehr aktuell sind. Das Anmeldeverfahren selbst, die Struktur und der Ablauf der Funktionen werden wahrscheinlich gleich oder ähnlich bleiben.
Beachte: Alle angeführten Beispiele beziehen sich auf Funktionen, die zur Zeit der Erstellung des Buches **kostenlos** zur Verfügung standen. Außerdem werden nur **Standardeinstellungen** beschrieben.

1) Gehe auf die GMX-Homepage (www.gmx.de oder www.gmx.at).

2) Wähle „FreeMail" und melde dich an.

3) Die mit einem Stern gekennzeichneten Felder müssen ausgefüllt werden. Gib anschließend den Wunschnamen deiner E-Mail-Adresse ein und prüfe, ob sie verfügbar ist oder bereits von einem anderen GMX-User verwendet wird. Sollte die Adresse nicht mehr verfügbar sein, so präsentiert GMX eine Liste von Vorschlägen für Mailadressen. **Achtung**: Manche dieser Adressen sind kostenpflichtig („Upgrade“).

4) Bei der Wahl des Passwortes solltest du den grünen Bereich der Sicherheitsstufe erreichen. Zur Überprüfung muss das Passwort wiederholt werden. Falls du das Passwort vergisst, so kannst du es über eine bestehende Mailadresse oder eine Handynummer (SMS) wieder einrichten.

5) Bei der Sicherheitsabfrage muss eine vorgegebene Reihe von Zeichen eingegeben werden. Damit soll sichergestellt werden, dass GMX-Mailaccounts nicht missbräuchlich für Spam-Mails verwendet werden.

6) Lies dir die Geschäftsbedingungen durch. Wenn du einverstanden bist, kannst du zustimmen und das Konto fertig anlegen lassen.

7) Die Zusammenfassung deiner persönlichen Daten (samt Kundennummer) solltest du ausdrucken und aufheben.

8) Beim ersten Öffnen des Postfaches will GMX deine Interessen mittels Fragebogen näher kennenlernen, um dir später Mails mit passender Werbung zu schicken.

Wir wollen einen GMX-Account näher kennenlernen

Die Startseite („MEIN GMX“) ist die Schaltzentrale und ermöglicht den schnellen Zugang zu den Ordnern und Funktionen des Accounts. Viele Teile davon sollen den Benutzer motivieren, kostenpflichtige Zusatzfunktionen zu nutzen. **Daher**: Alle Informationen immer gut durchlesen!

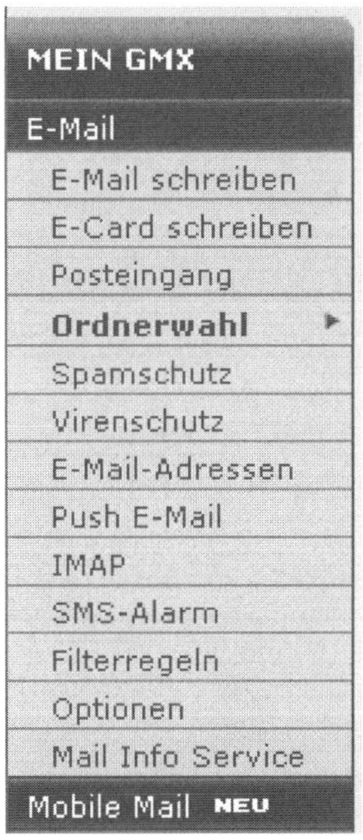

Wenn du den Bereich E-Mail öffnest, siehst du einen Überblick der Ordner deines Postfaches.

Ordner	Nachrichten			kB
Posteingang	4	1	-	180
Archiv	1	-	-	6
Entwürfe	-			0
Gesendet	-			0
Spamverdacht	-	-	-	0
Gelöscht	-	-	-	0
Ungelesene Mails				
Neuen Ordner anlegen				

Funktionen der Ordner:

Posteingang: Hier landen zuerst einmal alle neuen Nachrichten. Die Mails im Ordner Posteingang bleiben drei Monate erhalten und werden dann gelöscht.

Archiv: Verschiebt man Mails in das Archiv, so bleiben sie unbegrenzte Zeit erhalten. Falls noch kein Ordner „Archiv“ existiert: Neuen Ordner anlegen → Archiv → anlegen.

Entwürfe: Hier kann man Mails aufheben, die man erst später verschicken möchte.

Gesendet: Hier findet man alle Mails, die man verschickt hat.

Spamverdacht: Alle Mails, die nach den geltenden Regeln Spam sein könnten, werden in diesen Ordner verschoben.

Gelöscht: Alle Mails, die man selbst gelöscht hat, kommen in diesen Ordner und bleiben dort einen Tag lang (= Standardeinstellung). In dieser Zeit könnte man die Mails wieder herausholen (wie beim Windows-Papierkorb). Dann werden sie jedoch automatisch endgültig gelöscht.

Wir wollen E-Mails lesen

1) Öffne den Ordner Posteingang!

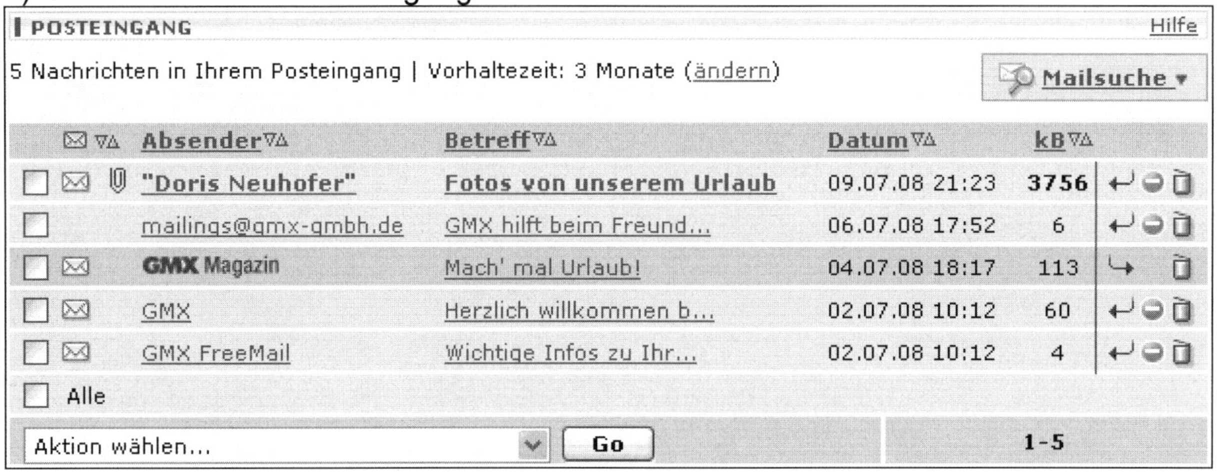

Die Mails sind standardmäßig nach dem Zeitpunkt des Eingehens gereiht.

Eine Mail, die noch nicht gelesen wurde, ist mit einem verschlossenen Kuvert gekennzeichnet. Sobald diese Mail gelesen wird, verschwindet das Kuvert.

Eine Büroklammer zeigt an, dass in dieser Mail ein Anhang (= Attachement) mitgeschickt wurde. Das kann ein Bild sein, ein Textdokument, eine Präsentation, ein Musikstück, ein Video, aber auch eine Datei mit einem Virus (siehe Theorie).

2) Öffne deine ersten beiden Mails von GMX und lies sie dir durch. Die Informationen wirst du vielleicht noch einmal brauchen. Bei Bedarf kannst du das eine oder andere auch ausdrucken.

3) Gehe zurück zum Posteingang und markiere die beiden gelesenen Mails mit einem Häkchen, um sie ins Archiv zu verschieben (mit Klick auf „Go“).

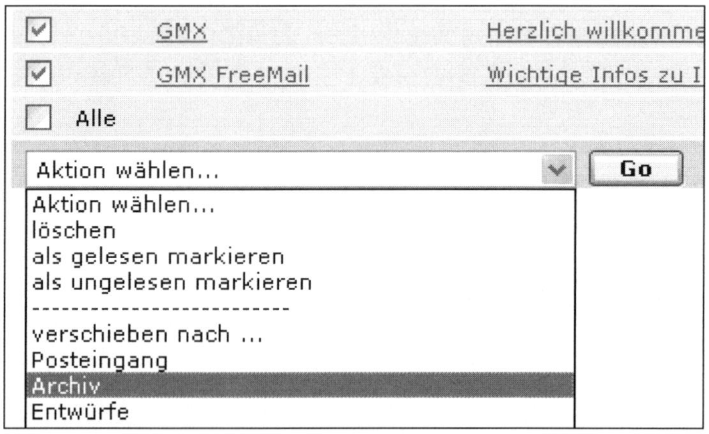

Wir wollen E-Mails verschicken und beantworten

Hinweis: Um folgende Übungen effizient durchführen zu können, ist es günstig, vorab festzulegen, wer wem eine Mail schicken soll.

1) Öffne das Menü „E-Mail schreiben“ im Bereich E-Mail oder verwende den Link auf der Startseite.

2) Als Absender („Von:“) erscheint gleich die eigene Adresse, als Empfänger („An:“) schreibe die Mailadresse deines Sitznachbarn, als Betreff wähle eine aussagekräftige Überschrift zu deiner Mail.

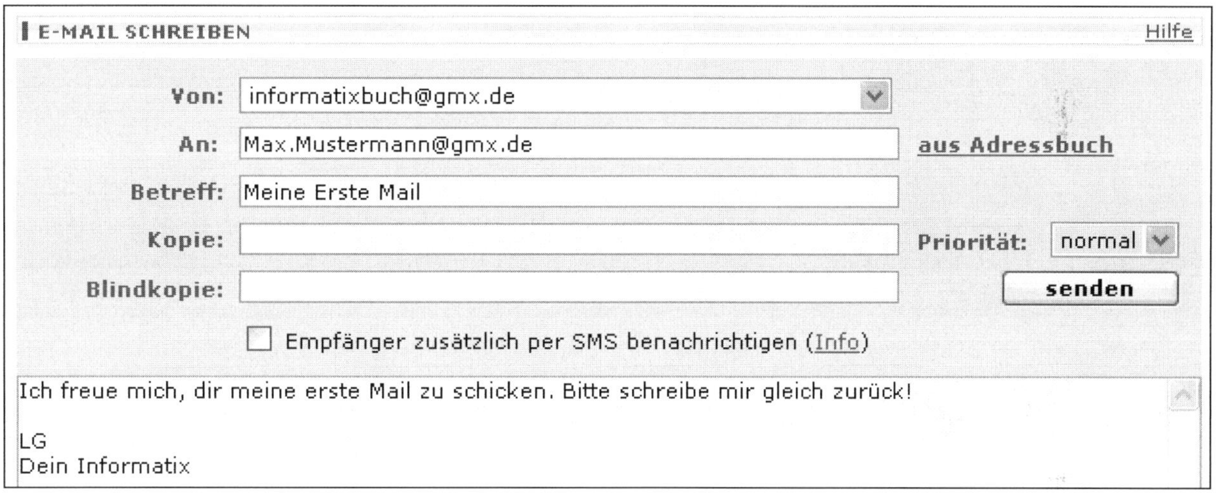

3) Wenn du deine Mail geschrieben hast, sende sie ab.

Ins Feld „Kopie:“ schreibt man die Adressen jener Personen, die man vom Inhalt der Mail nur informieren möchte. Antworten oder Aktionen werden von diesen Personen nicht erwartet. In anderen Mailprogrammen wird dieses Feld „**CC**“ genannt – von „Carbon Copy“, Kohlepapier-Durchschlag. Der Empfänger der Mail sieht, wer eine Kopie erhalten hat – und auch umgekehrt.

Auch die Personen im Feld „Blindkopie:“ erhalten eine Kopie, allerdings scheinen ihre Mailadressen nirgends auf. Niemand (außer dem Absender) weiß also, dass sie diese Mail erhalten haben. In anderen Mailprogrammen wird dieses Feld „**BCC**“ genannt – von „Blind Carbon Copy“.

4) Öffne deinen Posteingang und schau nach, ob du in der Zwischenzeit schon Post von einem deiner Nachbarn erhalten hast.

5) Wenn du eine Mail bekommen hast, öffne sie und übertrage die Adresse deines Nachbarn ins Adressbuch, falls du diese noch nicht hast.

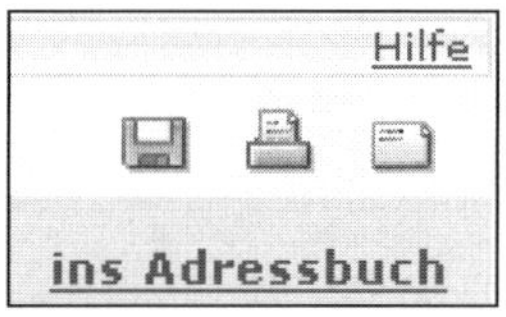

Daten, die eindeutig zuzuordnen sind, werden gleich in die betreffenden Felder des Adressbuches übernommen. Unbedingt empfehlenswert sind Vor- und Nachname. Weitere Felder können nach Belieben ergänzt werden.

Wenn du mit dem Eintrag zufrieden bist, klicke auf „übernehmen".

6) Du kommst zurück zu deiner Mail. Du kannst sie jetzt lesen, schließen und vergessen – dann wird sie nach drei Monaten automatisch und unwiderruflich gelöscht. Oder …

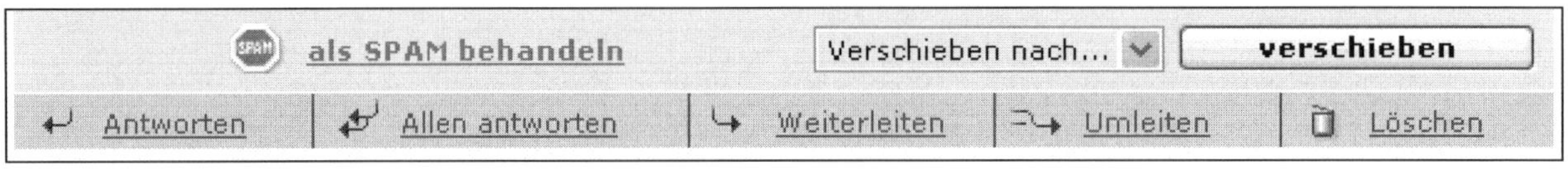

Oder du kannst (aber nicht jetzt sofort!):

- Die Mail [als SPAM behandeln].
  Die Mail wird in den Ordner „Spamverdacht" verschoben und die Absenderadresse in die persönliche „Blacklist" (= schwarze Liste) aufgenommen. Die Blacklist enthält Adressen (oder ganze Adressbereiche), von denen man keine Mails bekommen will.

- Die Mail in einen anderen Ordner [Verschieben nach...],
  z. B. ins Archiv, falls du sie länger aufheben willst.

- Dem Absender [Antworten].

- [Allen antworten], sowohl dem Absender als auch „den Kopien".

- Die Mail [Weiterleiten], d. h., dass die Mail mit deiner Adresse als Absender verschickt wird. Als Kennzeichen für eine Weiterleitung wird vor den ursprünglichen Betreff „Fwd:" oder „Fw:" (von „forward" = vorwärts, weiter) gesetzt. Außerdem wird der Briefkopf der Originalnachricht mitgeschickt.

- Die Mail [Umleiten], d. h., dass die Mail unverändert zu der angegebenen Adresse transferiert wird. Als Absender erscheint immer noch der vorhergehende Schreiber. Vorteil: Man kann die Adresse des Originalabsenders leichter ins Adressbuch übernehmen und eventuell direkt antworten.
  Die Funktion „Umleiten" wird nicht von allen Mailsystemen angeboten.

- Die Mail [Löschen], d. h. sie in den Ordner „Gelöscht" verschieben.

7) Lies dir die Mail jetzt einmal durch, antworte darauf und schicke auch Kopien der Antwort an zwei weitere Schulkollegen.

8) Wenn du eine solche Mail erhältst, verwende die Funktion „Allen antworten“.

9) Öffne eine weitere Mail und leite sie mit einem kurzen Kommentar weiter.

10) Öffne eine Mail mit einer Adresse, die du noch nicht im Adressbuch hast. Kopiere die E-Mail-Adresse, öffne das Adressbuch, wähle „neuer Kontakt“ und füge die Adresse im entsprechenden Feld ein.
Erweitere dein Adressbuch auf mindestens fünf Adressen.

Adressbuch
Übersicht
neuer Kontakt
Adressliste
Telefonliste
E-Mail-Liste
Visitenkarte
Verteiler
Optionen

11) Für die nächste Mail sollst du eine Adresse aus dem Adressbuch übernehmen.

An: [ ] aus Adressbuch

Gib mittels Häkchen Empfänger („TO“), eine Kopie („CC“) und eine Blindkopie („BCC“) an.

ADRESSBUCH — Hilfe

Gruppe: Alle — Auswahl: Alle — 1 - 9

Kurzname	Vorname	Nachname	E-Mail-Adresse	TO	CC	BCC
informa...			informatixbuch@gmx.de	☐	☐	☐
Obelix			obelix@gmx.de	☑	☐	☐
Asterix			asterix@gmx.de	☐	☑	☐
Miracul...			miraculix@aon.de	☐	☐	☑
Gutemine			gutemine@eon.de	☐	☐	☐
	John	Denver	j.denver@hotmail.com	☐	☐	☐
	Julia	Kulic	julia.kulic@gmx.de	☐	☐	☐

Mit „weiter“ kommst du zurück zur Mail. Gib den „Betreff“ an und schreibe den Inhalt der Mail.

Von: informatixbuch@gmx.de
An: obelix@gmx.de — aus Adressbuch
Betreff: Neues Rezept für Wildschweinbraten
Kopie: asterix@gmx.de — Priorität: normal
Blindkopie: miraculix@aon.de — senden

Als Nächstes sollst du einen „Anhang“ mit der Mail mitschicken.
Erstelle eine Word-Datei mit einem ClipArt und speichere sie in deinem Ordner.
Scrolle ans untere Ende der Mail-Seite. Klicke auf „Durchsuchen“ und suche deine Datei.

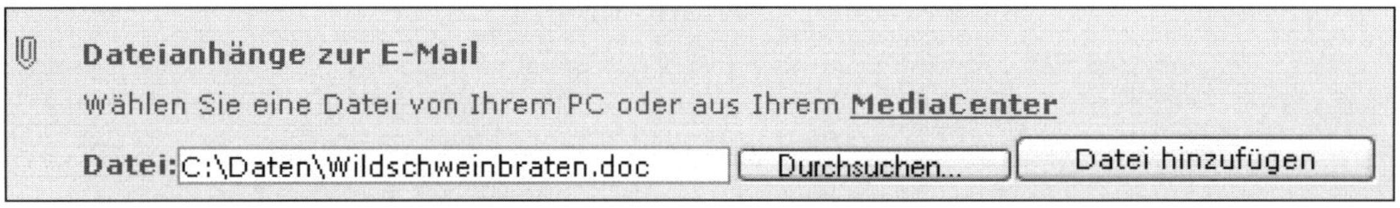

Dann kannst du die Datei hinzufügen. Kontrolliere, ob alles geklappt hat! Zum Schluss versende die Mail!

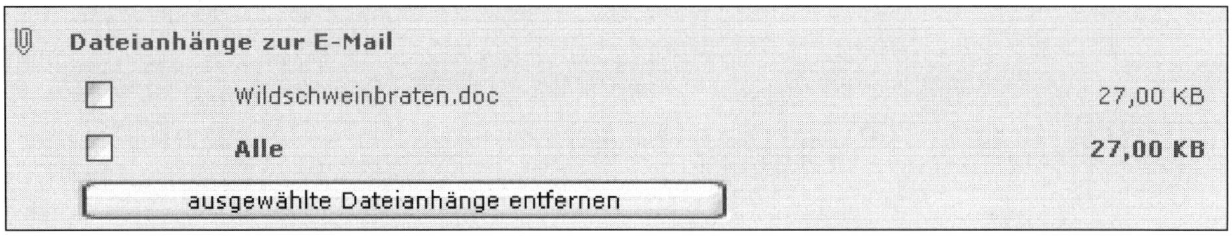

12) Öffne eine Mail mit einem Attachement.

Schau dir die Datei an („Ansehen"), dann speichere sie in deinem Ordner. Im MediaCenter kann man Dateien auch online speichern und daher von überall via Internet zugreifen.

13) Besuche folgende Internetseiten, wähle interessante Beiträge aus und schicke Informationen darüber als E-Mail an deine Freunde.

www.bebis.de	Der Berliner Bildungsserver, eine umfangreiche Linksammlung für den Unterricht.
de.wikipedia.org	„Die" Wikipedia, ein Online-Nachschlagewerk. Jeder kann dazu Beiträge liefern.
www.heise.de	Die Nachrichtenseite des Heise-Verlages mit Beiträgen vorwiegend aus der Informations- und Telekommunikationstechnik.
Irights.info	Informationen zum „Urheberrecht in der digitalen Welt", bezogen auf die Situation in Deutschland.
www.leo.org	Linksammlung zu verschiedenen Themen, bekannt für das Angebot von Wörterbüchern.
europa.eu.int	Das Portal der europäischen Union.
www.wwf.de	Die Homepage von World Wide Fund For Nature, ein weltweit tätiger Verein, der sich dem Naturschutz widmet. Schau dir auch einmal die Seiten aus Österreich (.at), der Schweiz (.ch) oder Großbritannien (.org.uk) an!

Wir wollen E-Mails verwalten

Nach einiger Zeit, spätestens dann, wenn die Menge der Mails unüberschaubar wird, ist es angebracht, Ordnung in das Chaos zu bringen. Auch in einem Mailsystem ist es möglich, zusätzliche Ordner anzulegen.

1) Öffne die Ordnerverwaltung (E-Mail → Optionen → Ordnerverwaltung).

Ordnerverwaltung
Eigene Ordner anlegen, unterschiedliche Vorhaltezeiten einstellen, Darstellung ändern.

2) Zuallererst: Beachte den Hinweis auf der Seite weiter unten!

Hinweis:
Mails, die älter sind als die eingestellte Vorhaltezeit, werden nicht in den "Gelöscht"-Ordner verschoben, sondern vollständig aus Ihrem Postfach entfernt.

„Vorhaltezeit" bedeutet, wie lange eine Mail aufbewahrt wird. Wird die Vorhaltezeit für Ordner geändert oder wird ein Ordner mit längerer Vorhaltezeit eingerichtet, so erhöht sich automatisch der Speicherbedarf deines Mail-Accounts. Wenn deine Mailbox voll ist (d. h. wenn dein Speichervolumen aufgebraucht ist), kannst du keine Mails mehr empfangen.

Das ist die Standardkonfiguration deiner Mailbox:

ORDNERVERWALTUNG

Ordner	Vorhaltezeit	Mails pro Seite
Posteingang	3 Monate	Standard (10)
Archiv	unbegrenzt	Standard (10)
Entwürfe	3 Monate	Standard (10)
Gesendet	3 Monate	Standard (10)
Spamverdacht	30 Tage	Standard (10)
Gelöscht	1 Tag	Standard (10)
	Standard:	Standard (10)

Ankommende Mails im Posteingang sollen „gefiltert" werden: Mails von Freunden trennen wir von den anderen Mails, um ein wenig später zu entscheiden, welche davon wir „für immer" aufheben wollen.

3) Wir bauen im Posteingang und im Archiv eine entsprechende Ordnerstruktur auf.
   - Lege den ersten neuen Ordner mit folgenden Angaben an:

Ordnername:	Freunde
anlegen in:	Posteingang
Vorhaltezeit:	3 Monate
Mails pro Seite:	Standard (10)

- Lege im Ordner „Freunde“ die Ordner „Schule“ und „Sportverein“ an.
- Ergänze den Ordner „Archiv“ wie in der Abbildung.

Ordner	Vorhaltezeit	Mails pro Seite
Posteingang	3 Monate	Standard (10)
└ Freunde	3 Monate	Standard (10)
├ Schule	3 Monate	Standard (10)
└ Sportverein	3 Monate	Standard (10)
Archiv	unbegrenzt	Standard (10)
├ Freunde Schule	unbegrenzt	Standard (10)
├ Freunde Sportverein	unbegrenzt	Standard (10)
└ Klassentreffen	unbegrenzt	Standard (10)
├ 2010	unbegrenzt	Standard (10)
└ 2011	unbegrenzt	Standard (10)

4) Jetzt könntest du schon Mails aus dem Posteingang in die entsprechenden Ordner verschieben.

5) Auch in deinem Ordner „Gesendet“ werden sich Mails ansammeln und deine Mailbox füllen. Von Zeit zu Zeit solltest du sie durchsehen und den Ordner bereinigen. Natürlich kannst du Mails aus dem Ordner ins Archiv verschieben.

6) Wenn du lange Mails schreibst oder deine Internetverbindung zu Abbrüchen neigt, kannst du noch nicht fertige Mails zwischendurch als Entwurf speichern.

[Entwurf speichern]

Falls deine Verbindung abbricht oder du die Mail später fertig schreiben willst, so kannst du sie im Ordner „Entwürfe“ wieder öffnen und weiter bearbeiten.

[E-Mail bearbeiten & versenden]

7) In deinem Postfach befindet sich außerdem der Suchordner „Ungelesene Mails“.

[Ungelesene Mails] Wenn man auf diesen Ordner klickt, werden sämtliche noch ungelesene oder „als ungelesen markierte“ Mails in deinem gesamten Postfach (egal aus welchem Ordner) aufgelistet. Das könnte dann so aussehen:

		Absender	Betreff	Ordner
☐	✉	GMX Magazin	Mach' mal Urlaub!	Posteingang
☐	✉	mailings@gmx-gmbh.de	GMX hilft beim Fre...	Schule
☐	✉	GMX FreeMail	Wichtige Infos zu ...	Klassentreffen

Schau einmal nach, wie viele ungelesene Mails du noch hast!

Wir wollen einen Serienbrief schreiben

In der folgenden Übung werden wir einen „Serienbrief“ verfassen und für verschiedene Personen ausdrucken. Der Inhalt eines Serienbriefes ist für alle Empfänger gleich. Persönliche Daten und die Adresse der Empfänger werden aus einer Datenbank übernommen und erst beim Ausdruck dem Brief beigefügt. Dadurch erhält jeder Brief eine gewisse persönliche Note.

Erstellt man die Datenbank (= Datenquelle) mithilfe des Seriendruck-Assistenten, so wird sie als Access-Datenbank (**.mdb**) angelegt. Für unsere Zwecke ist diese Form jedoch derzeit unpraktisch. Als Datenbank können auch Excel-Dateien (**.xls**) oder Word-Dateien (**.doc**) dienen. Für das Erstellen des Serienbriefes werden wir deshalb eine Word-Datei als Datenbank verwenden.

1) Starte WORD und erstelle eine Tabelle mit den Daten deiner Freunde nach folgender Vorlage:

Anrede	Spitzname	Vorname	Name	Adresse	PLZ	Ort	E-Mail
Liebe	Murxl	Conny	Berger	Azaleenweg 12	10115	Berlin	c.berger@aon.de
Lieber	Füsi	Ernst	Kriegler	Oleanderstraße 45	10249	Berlin	e.kriegler@aon.de
Hallo	Max	Maximilan	Meier	Astgasse 34	10115	Berlin	mmeier@hotmail.com
Servus	Betty	Bettina	Neumann	Kapellergasse 2	10589	Berlin	b.neumann@gmx.de
Grüß dich	Silvi	Silvia	Schön	Gladiolenweg 52	10589	Berlin	silvi.schoen@gmx.de

Wahrscheinlich erscheinen sämtliche E-Mail-Adressen in der Farbe Blau und unterstrichen. Das weist auf einen Hyperlink hin. Um diese Felder später in WORD bearbeiten zu können, muss der Hyperlink entfernt werden: Kontextmenü → Hyperlink entfernen.

2) Speichere deine Datenbank unter "**Adressen.doc**" und schließe die Datei.

3) Eröffne eine neue Word-Datei und aktiviere die Symbolleiste „Seriendruck“.

4) Wähle im Hauptdokument-Setup als Dokumenttyp „Briefe“.

5) Öffne als Datenquelle deine Datei „Adressen.doc“. Die Datenquelle ist jetzt zwar geöffnet, aber (noch) nicht sichtbar.

6) Erst wenn du auf „Seriendruckempfänger“ klickst, erscheint die Datenbank.

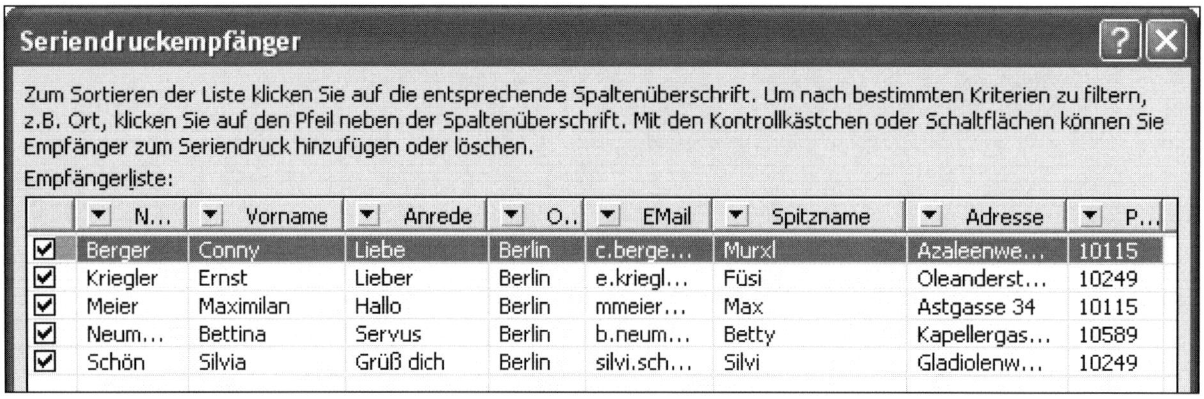

Achtung: WORD zeigt die Felder deiner Tabelle in einer anderen Reihenfolge.

Dummerweise hast du zwei wichtige Adressen in deiner Liste vergessen. Wir wollen die Adressen mit einer anderen Methode in deine Datenbank einfügen.

7) Markiere einen Datensatz, klicke auf „Bearbeiten“, dann auf „Neuer Datensatz“. Im folgenden Datenformular kannst du die neuen Daten eingeben.

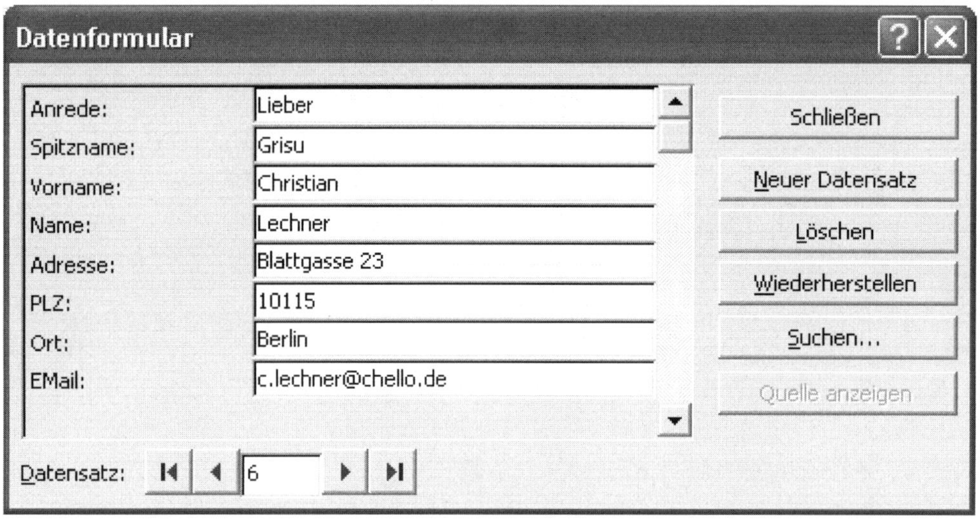

Ein Klick auf „Neuer Datensatz“ übernimmt deine eingegebenen Daten und stellt dir einen neuen leeren Datensatz zur Verfügung. Gib noch die zweite fehlende Adresse ein, schließe das Datenformular und das Fenster „Seriendruckempfänger“.
Hinweis: Die Änderungen werden erst später gespeichert, und zwar dann, wenn du die Serienbriefdatei oder WORD schließt.

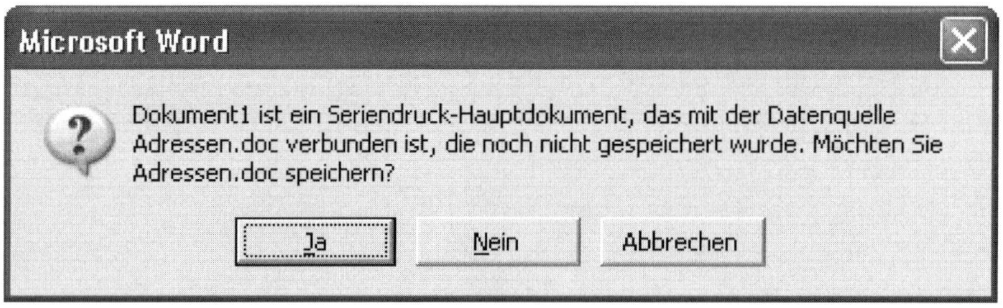

8) Du befindest dich nun noch immer in deinem Serienbrief-Hauptdokument. Hier schreiben wir nun den Brief/die Einladung.

   Den Briefkopf setzen wir schon aus den Feldern deiner Datensätze zusammen:

9) Suche in der Seriendruck-Symbolleiste „Seriendruckfelder einfügen" und klicke darauf. Durch Markieren und „Einfügen“ wird das gewünschte Datenfeld in den Brief übernommen. **Hinweis**: Zuerst alle Felder ins Dokument einfügen (sie werden hintereinander platziert), dann das Fenster schließen.

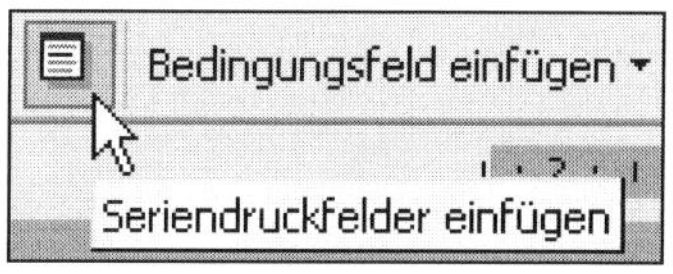

Erst jetzt kannst du wieder den Brief bearbeiten und die Felder verschieben. Gestalte nun den Briefkopf nach folgender Vorlage (Leerzeichen nicht vergessen!):

«Vorname»·«Name»¶
«Adresse»¶
«PLZ»·«Ort»¶
¶
¶
¶
¶
«Anrede»·«Spitzname»¶
¶

10) Jetzt schreibe noch den Text deiner Einladung darunter. Lass deiner Kreativität freien Lauf und verwende z. B. WordArt und ClipArt, um der Einladung ein wenig Pfiff zu verleihen.

11) Speichere deine Einladung unter „**Party.doc**" in deinem Ordner.

12) Nun wollen wir uns das Ergebnis ansehen:
   - Aktiviere die Seriendruck-Vorschau.
   - Statt der Seriendruckfelder erscheinen nun Daten aus deiner Adressliste.
   - Mit der Navigationsleiste kann man den Serienbrief mit allen Datensätzen überprüfen.
   - Öffne das Fenster „Seriendruckempfänger“ und entscheide durch Setzen oder Löschen des Häkchens, welche Personen einen Brief erhalten sollen.
   - Wähle die Funktion „Seriendruck in neues Dokument“ und lege fest, welche Datensätze ausgewählt werden sollen.

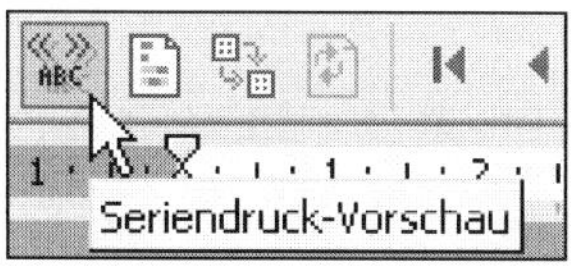

- „**Alle**“ bedeutet „Alle Datensätze mit einem Häkchen“.
  „**Aktueller Datensatz**“ bezieht sich auf den in der Navigationsleiste angezeigten Datensatz.
  Für die dritte Möglichkeit („**Von**: - **Bis**:“) müssen die entsprechenden Nummern der Datensätze eingetragen werden.

- Sobald du deine Auswahl bestätigt hast, wird dein erster fertiger Brief dargestellt. Mit <BILD↓> kannst du dir alle folgenden Briefe ansehen. In der Seitenansicht sieht das Ganze natürlich besser aus.
- Die Briefe wurden also in einem neuen Dokument („Serienbriefe1") erstellt.
- Jetzt könnte man das neue Dokument bereits ausdrucken. Speichern ist nicht unbedingt nötig, außer du willst **genau diese** Briefe noch einmal verwenden. Solange die Adressenliste nicht erweitert oder geändert wird, kannst du die Briefe jederzeit wieder produzieren. Entscheidend dafür sind die Dateien „Adressen.doc“ und „Party.doc“.

Wir wollen Adressetiketten erstellen

Für deine Serienbriefe wäre es praktisch, wenn du selbstklebende Adressetiketten für die Briefumschläge zur Verfügung hättest. In WORD gibt es auch dafür eine Möglichkeit.

1) Starte WORD oder eröffne eine neue Word-Datei und aktiviere die Symbolleiste „Seriendruck“.

2) Wähle im Hauptdokument-Setup als Dokumenttyp „Etiketten“.

3) Nun wähle die Marke und Bestellnummer der dir zur Verfügung stehenden Etiketten (frage deinen Lehrer/deine Lehrerin). Günstig ist es, sich vorab zu informieren, ob das gewünschte Etikettenformat von WORD angeboten wird.
   Natürlich kann man Etiketten auch selbst definieren („Neues Etikett“), aber das ist etwas zeitaufwendig.

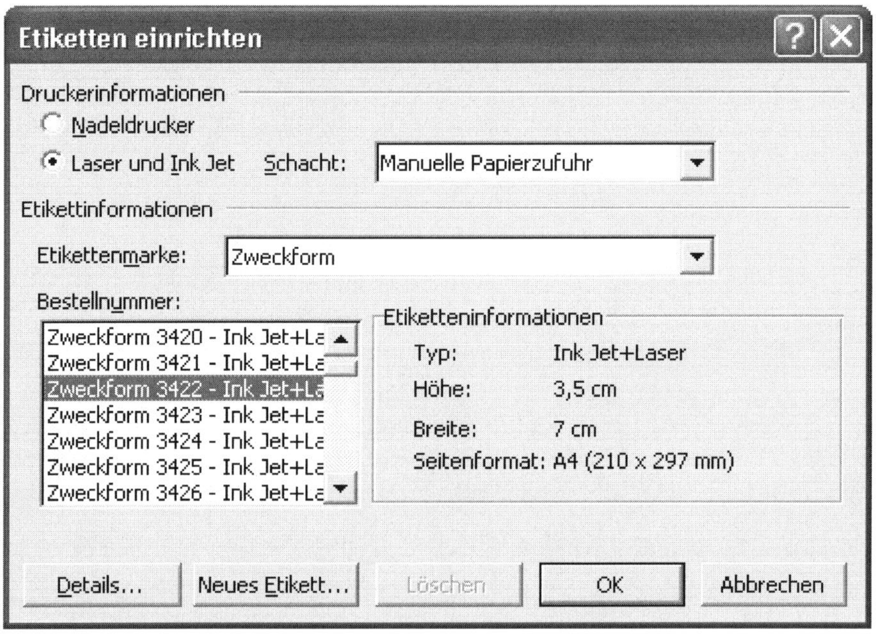

4) Du siehst nun die Vorlage für deine Etiketten. Öffne als Datenquelle deine Datei „Adressen.doc“. Nun steht ab dem zweiten Etikett das Feld »Nächster Datensatz«. Dieses bewirkt, dass die jeweils nächste Adresse aus deiner Adressdatei ausgewählt wird.
Löschst du das Feld »Nächster Datensatz« auf einem Etikett, dann wird auf diesem nochmals dieselbe Adresse angezeigt. Auf diese Weise könntest du mehrere gleiche Etiketten erstellen.

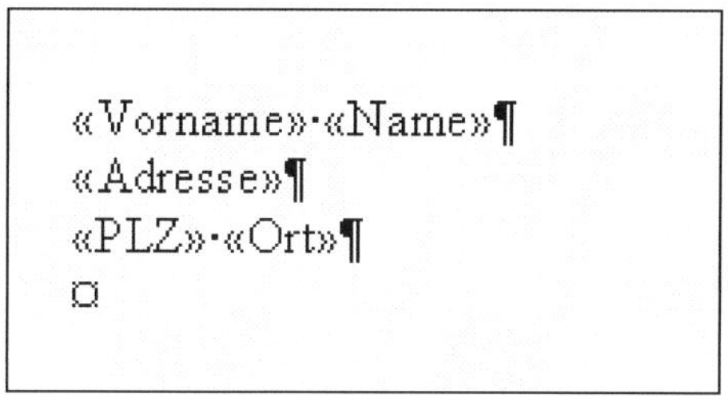

5) Erstelle mit der Funktion „Seriendruckfelder einfügen“ das erste Etikett laut Vorlage.
Verwende die „Seriendruck-Vorschau“ um das Etikett zu überprüfen.

6) 

„Etiketten übertragen“ bewirkt, dass die Felder des ersten Etiketts auf alle anderen Etiketten übertragen werden.

7) Überprüfe mit der „Seriendruck-Vorschau“ noch einmal das Ergebnis.

8) Dieses Dokument wirst du wahrscheinlich noch einige Male brauchen. Speichere es unter „**Etikett_original.doc**".

9) Verwende die Funktion „Seriendruck in neues Dokument“, um die Adressen mit dem Hauptdokument „Etikett_original.doc" zu verbinden. Die Etiketten wurden wie beim Serienbrief in einem neuen Dokument („Adressetiketten1") erstellt.
Meist ist es so, dass nicht alle Etiketten einer Seite beschriftet und damit verwendet werden. Da Etiketten nicht ganz billig sind, willst du sicher die nicht beschriebenen später weiterverwenden.
Hast du aber einmal eine Reihe Etiketten vom Blatt entfernt, so kommt die glatte Trägerschicht zum Vorschein. Auf dieser glatten Schicht können die Transportrollen des Druckers nicht richtig greifen, sodass das Papier nicht ordnungsgemäß weitergeschoben wird. Um das zu verhindern, gibt es drei einfache Tricks:

a) Beim nächsten Druck legst du das Blatt so ein, dass wieder die leeren Etiketten „oben" sind (Blatt drehen). Damit hast du dann zumindest den größten Teil der Etiketten verwendet.

b) Du fügst in deine Adressdatei am Anfang so viele leere Zeilen ein, dass die letzte Adresse genau auf dem letzen Etikett der Seite erscheint (oberste Zeile markieren, Kontextmenü → „Zeilen einfügen").
Beim nächsten Ausdruck löschst du so viele der Leerzeilen in der Adressdatei, dass wieder die letzte Adresse genau auf dem letzen Etikett der Seite erscheint usw.

Angepasste Datei „Adressen.doc“:

Anrede	Spitzname	Vorname	Name	Adresse	PLZ	Ort	E-Mail
Liebe	Murxl	Conny	Berger	Azaleenweg 12	10115	Berlin	c.berger@aon.de
Lieber	Füsi	Ernst	Kriegler	Oleanderstraße 45	10249	Berlin	e.kriegler@aon.de
Hallo	Max	Maximilan	Meier	Astgasse 34	10115	Berlin	mmeier@hotmail.com
Servus	Betty	Bettina	Neumann	Kapellergasse 2	10589	Berlin	b.neumann@gmx.de
Grüß dich	Silvi	Silvia	Schön	Gladiolenweg 52	10589	Berlin	silvi.schoen@gmx.de
Lieber	Grisu	Christian	Lechner	Blattgasse 23	10115	Berlin	c.lechner@chello.de
Lieber	Hansi	Hans	Hübner	Hausfeldstraße 21	10115	Berlin	h.huebner@gmx.de

c) Du nimmst das Dokument mit den fertigen Adressen, markierst ein **ganzes** Etikett und ziehst es mit der Maus in das jeweils letzte freie Feld auf dem Blatt.

10) Wenn dann alles deinen Vorstellungen entspricht, kannst du in Absprache mit deinem Lehrer/deiner Lehrerin die Adressetiketten ausdrucken.

Wir wollen eine Tabelle sortieren

Manchmal ist es sinnvoll, vorhandene bzw. geänderte Daten einer Tabelle neu zu sortieren, besonders wenn mehrere Datensätze hinzugefügt wurden. In einer Adressentabelle ist natürlich die Postleitzahl ein äußerst beliebtes Sortierkriterium, d. h., die Tabelle wird so sortiert, dass die Postleitzahlen in aufsteigender oder abfallender Reihenfolge erscheinen.
Das ist z. B. dann der Fall, wenn eine Firma nur Kunden eines bestimmten Bezirkes/Bundeslandes von ihren Angeboten informieren will oder wenn du deine Korrespondenz alphabetisch nach Namen sortiert ablegen möchtest.

1) Starte WORD und öffne deine Datei „Adressen.doc". Falls Leerzeilen in deiner Tabelle vorhanden sind, kannst du sie belassen. Sie stören die Sortierung nicht, könnten aber möglicherweise Verwirrung stiften, da sie auch mitsortiert werden.

2) Klicke mit der Maus in eine beliebige Zelle der Tabelle, dann wähle Tabelle → Sortieren.

3) Wähle 1. und 2. Sortierschlüssel laut Vorlage. Die Tabelle wird nun zuerst nach Postleitzahlen sortiert, dann innerhalb gleicher Postleitzahlen nach dem Namen.

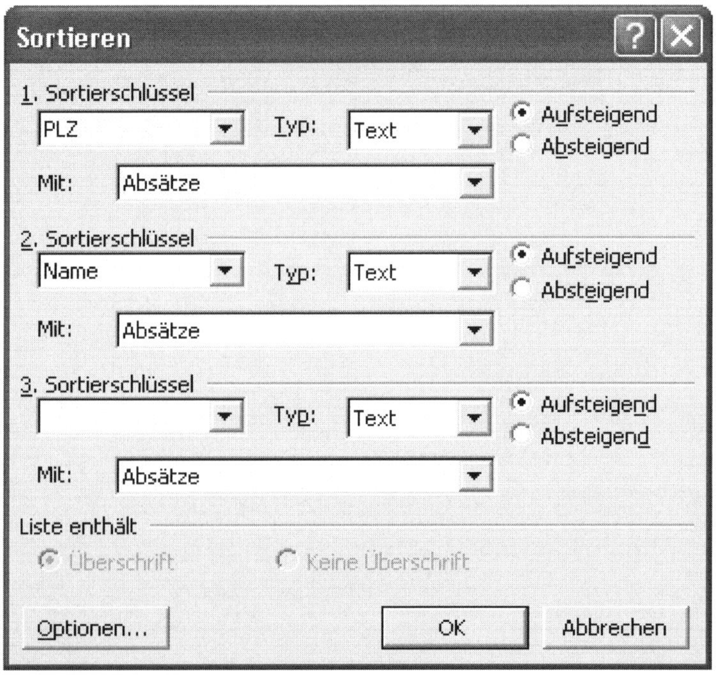

Praxis 21  WORD

4) Wähle eigene Sortierschlüssel und Sortierreihenfolgen und beobachte die Auswirkungen.

5) Falls du öfter Daten sortieren willst, ist es hilfreich, die Symbolleiste „Datenbank" zu aktivieren.

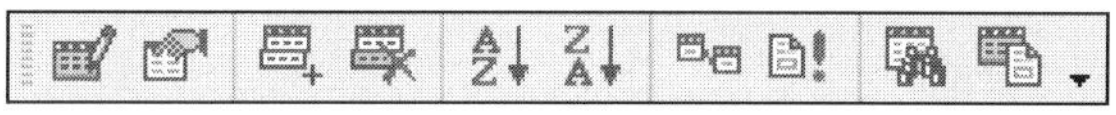

6) Gib an, mit welchen Funktionen die folgenden Symbole belegt sind:

Beachte: Die Funktionen „Aufsteigend" und „Absteigend" aus der Symbolleiste „Datenbank" sortieren sofort nach dem Mausklick nach jener **Spalte**, in der sich der Cursor befindet, d. h. man kann nur einen Sortierschlüssel anwenden.
Die Funktion „Datensatz löschen" löscht ebenfalls sofort jene **Zeile**, in der sich der Cursor befindet.
Die Funktion „Neuen Datensatz hinzufügen" fügt die neue Zeile hinter der letzten vorhandenen Zeile an, egal wo der Cursor sich gerade befindet.

7) Verwende die Funktion „Datensatz suchen" aus der Symbolleiste, um einen bestimmten Namen in deiner Tabelle zu finden.

Gib den gesuchten Namen und den Feldnamen an. Klicke auf „Beginnen", dann eventuell auf „Weitersuchen", bis der Suchvorgang abgeschlossen ist.

8) Verwende das Symbol „Neuen Datensatz hinzufügen", um die „Datenbank" um drei weitere Adressen zu ergänzen – wir brauchen das Datenmaterial zur späteren Verwendung in einer „echten" Datenbank in Access.

9) Sortiere abschließend die Tabelle nach „Name" und „Aufsteigend".

10) Speichere deine Datei!

Wir wollen eine Tabelle bearbeiten

Im Folgenden wollen wir eine Tabelle einfügen, formatieren, Summen bilden und die Funktion „Autoformat" kennenlernen.

1) Starte WORD und füge unten stehende Tabelle aus deiner Datei „Deutschland.doc" ein. Falls du diese Datei nicht mehr zur Verfügung hast, erstelle sie laut Vorlage. **Anmerkung**: Wenn du die Tabelle neu erstellen musst, stellt dir WORD zwei Möglichkeiten zur Verfügung:
   a) Tabelle → Einfügen → Tabelle, entsprechende Zeilen- und Spaltenanzahl angeben.
   b) Symbol „Tabelle einfügen" in der Symbolleiste anklicken, durch Ziehen mit der Maus (nach rechts/unten/diagonal rechts unten) die gewünschte Zeilen- und Spaltenanzahl festlegen.

   Erinnere dich: Um die Tabelle mit einem Raster zu versehen, markierst du die Tabelle und wählst Format → Rahmen und Schattierung.

Flächeninhalte·und·Einwohnerzahlen:¶
¶

Bundesland	**Flächeninhalt·(in·km²)**	**Einwohner·(Stand·2004)**
Baden-Württemberg	35752	10717419
Bayern	70549	12443839
Berlin	892	3387828
Brandenburg	29447	2567704
Bremen	404	663213
Hamburg	755	1734830
Hessen	21115	6097765
Mecklenburg-Vorpommern	23174	1719653
Niedersachsen	47618	8000909
Nordrhein-Westfahlen	34084	18075352
Rheinland-Pfalz	19847	4061105
Saarland	2569	1056417
Sachsen	18414	4296284
Sachsen-Anhalt	20445	2494437
Schleswig-Holstein	15763	2828760
Thüringen	16172	2355280

2) Einige Übungen zur Tabelle:
   - Markiere die letzte Zeile der Tabelle. Das Symbol „Tabelle einfügen" wird durch das Symbol „Zeilen einfügen" ersetzt. Füge nun eine Zeile mithilfe dieses Symbols ein.
     Markiere wieder die letzte Zeile („Thüringen...") und ziehe sie mit der Maus in die neue leere Zeile. Als Hilfe zur Orientierung erscheinen ein schraffiertes Rechteck als Anhängsel des Mauscursors und ein schraffierter Textcursor, der die neue Position der Zellen anzeigt.
   - Platziere den Cursor in die Zeile „Thüringen...". Wähle den Menüpunkt Tabelle → Einfügen → Zeilen unterhalb, damit eine weitere Zeile eingefügt wird.
   - Setze den Cursor in die rechte untere Ecke der Tabelle und drücke <ENTER>, um eine weitere Zeile einzufügen.
   - Markiere zwei der neuen Leerzeilen und lösche sie: Kontextmenü → Zeilen löschen.
     Hinweis: Mit <ENTF> wird lediglich der Inhalt der Zeilen gelöscht, nicht die Zeile selbst.

3) Schreibe in die erste Spalte der leeren Zeile "Summe:" und verwende den Tabulator, um in die nächste Spalte zu kommen.

Sachsen-Anhalt¤	20445¤	2494437¤	¤
Schleswig-Holstein¤	15763¤	2828760¤	¤
Thüringen¤	16172¤	2355280¤	¤
Summe:¤	¤	¤	¤

4) Wähle Tabelle → Formel.
Die von WORD vorgeschlagene Formel bewirkt, dass alle Zellen „ABOVE"/ „ÜBER“ der gewählten Zelle addiert werden („SUM“/„SUMME“).

In diesem Dialog könnte man außerdem ein anderes Zahlenformat wählen (z. B. Tausenderpunkte, Prozentangabe) bzw. einige bereits definierte Funktionen einfügen.

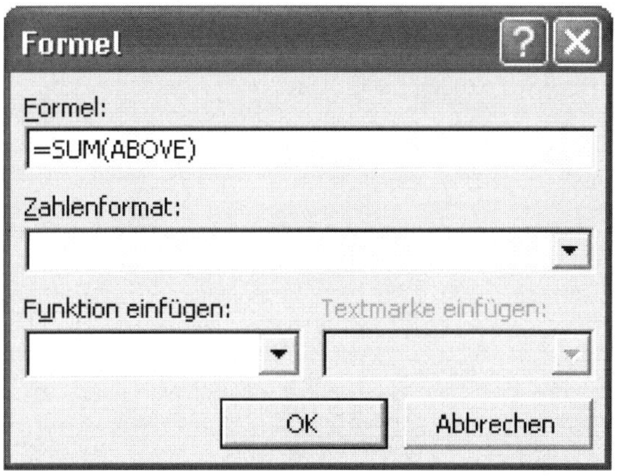

5) Wenn du den Vorschlag bestätigst, erhältst du die Summe der Spalte. Verfahre ebenso mit der nächsten Spalte. Speichere deine Tabelle unter „**Tabelle1.doc**".

6) Um Tabellen schnell, einfach und doch ansprechend zu formatieren, stellt WORD einige fertige Designs zur Verfügung.
Wähle Tabelle → AutoFormat für Tabellen.

Schau dir die verschiedenen Formate an und beobachte, was eine Veränderung bei den Sonderformaten bewirkt.

Suche eine geeignete Kombination, bedenke aber, dass die **Lesbarkeit** der Tabelle Vorrang vor „kreativer Gestaltung" hat.

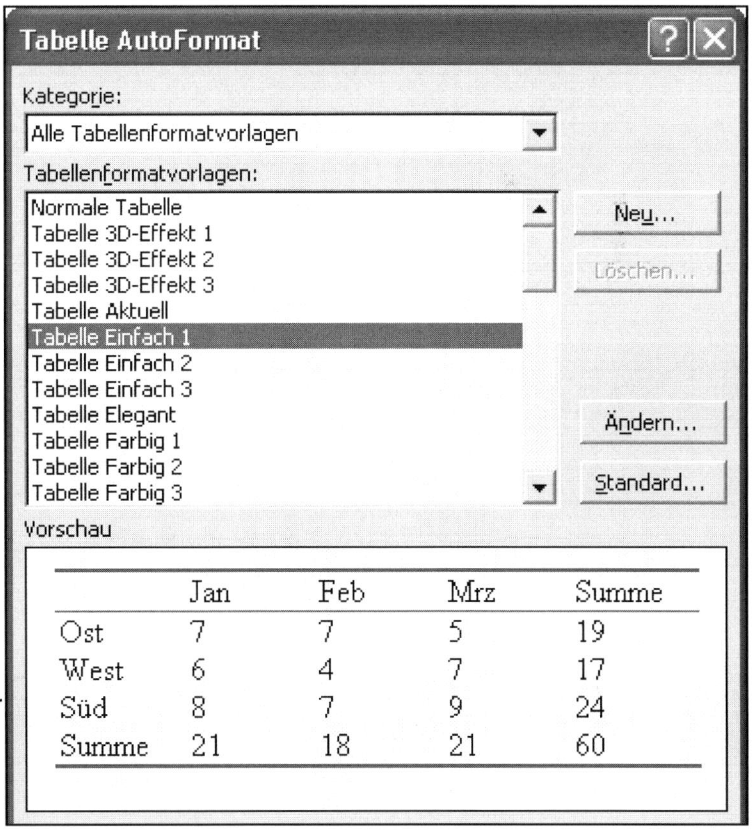

7) Speichere deine Tabelle unter „**Tabelle2.doc**". Wenn du beim Formatieren in eine ausweglose Situation gerätst, hast du im Fall der Fälle deine Originaltabelle („Tabelle1.doc") und kannst von Neuem starten.

Wir wollen „AutoText" verwenden

In Briefen kommen bestimmte Worte, Phrasen und allgemeine Floskeln immer wieder vor (z. B. „Sehr geehrte Damen und Herren", „Sehr geehrte Frau Dr.", „Mit freundlichen Grüßen", „Hochachtungsvoll").

Was liegt also näher, als den Computer diese immer wiederkehrenden Arbeiten selbstständig erledigen zu lassen?

In Word findet man unter Extras → AutoKorrektur-Optionen eine kleine Auswahl von typischen Begriffen, Floskeln, aber auch Zeichen aus dem Büroalltag, die das Programm schon während der Eingabe vorschlägt bzw. ersetzt.

In der Registerkarte „AutoKorrektur" werden häufige Tippfehler erfasst und automatisch korrigiert. Die Funktion „Während der Eingabe ersetzen" ermöglicht es, Erstens schon „fertige" Zeichen (meist Sonderzeichen) zu übernehmen oder zweitens typische Fehler ausbessern zu lassen. Außerdem können selbst gewählte Zeichenkombinationen durch andere ersetzt werden, um sich z. B. das zeitraubende Suchen und Einfügen von Sonderzeichen zu ersparen.

In der Registerkarte „AutoFormat während der Eingabe" erscheint die Funktion
☑ *Fett* und _kursiv_ durch Normalformatierung am interessantesten. Wir werden sie später verwenden.

Die Registerkarte „AutoText" zeigt uns eine Auswahl von häufig verwendeten Wörtern bzw. Phrasen. Werden diese am Anfang eines Absatzes geschrieben und kann das Programm nach vier Buchstaben eine eindeutige Zuordnung erkennen, so wird der Text aus dem Vorschaufenster als Vorschlag präsentiert. Mit der Eingabetaste übernimmt man diesen Vorschlag in das Dokument.

Hochachtungsvoll (Eingabetaste drücken, um einzufügen)
hoch¶

Hier können selbst gewählte Begriffe und größere Textteile eingegeben werden – dazu kommen wir nachher noch.

Die Registerkarte „AutoFormat" zeigt große Ähnlichkeiten mit „AutoFormat während der Eingabe", wird aber im Gegensatz dazu erst nach einem größeren Textabschnitt eingesetzt.

Ein Beispiel: Wurden in einem Text mehrere englische Ordnungszahlen als „1st, 2nd, 3rd ..." eingegeben und man entscheidet sich später für die korrekte Schreibweise (1st, 2nd, 3rd ...), muss man in dieser Registerkarte die gewünschten Optionen aktivieren. Gestartet wird die Formatierung dann über Format → AutoFormat.

Wir wollen einen eigenen AutoText einfügen

Der 15-jährige Markus Taler möchte einige Briefe schreiben, unter anderem auch Bewerbungsschreiben. Er weiß, dass er auf alle Fälle seine Adresse immer wieder brauchen wird, außerdem noch die Phrasen „Sehr geehrte Damen und Herren“ und „Bewerbung als Ferienpraktikant".

Anmerkung: Dieses Vorhaben funktioniert nur dann, wenn die Datei „Normal.dot" geändert werden darf. Ansonsten werden selbst erzeugte Einträge im AutoText bei Beendigung des Programms gelöscht. Die Dateierweiterung „.dot“ weist darauf hin, dass es sich dabei um eine Dokumentvorlage handelt. In der Datei „Normal.dot“ werden persönliche Einstellungen wie Formatvorlagen, Autotext und Symbolleisten gespeichert.

1) Starte Word und schreibe einen Text laut Vorlage, jedoch mit deinen eigenen Daten (Arial, 12):

Das Symbol für das Telefon findest du bei den Sonderzeichen (Wingdings, erste Zeile).

> Markus Taler
> Am Bergl 12
> 53229 Bonn
> ☎ 02763/53 127
>
> Bewerbung als Ferienpraktikant
>
> Sehr geehrte Damen und Herren,

2) Zur Eingabe des „AutoTextes" verwenden wir zwei Methoden:

a) Die schnellere Methode

- Markiere die ersten vier Zeilen **inklusive** Absatzmarken.
- Wähle Einfügen → AutoText → Neu.
  Im Dialogfenster ersetzen wir den vorgeschlagenen Namen für diesen AutoText-Eintrag durch „Adresse".
- Bestätige mit OK.
  Später braucht Markus nur „Adresse" am Anfang eines Absatzes zu tippen und Word findet den gewünschten Eintrag.
- Verfahre auf dieselbe Weise mit dem Text „Sehr geehrte Damen und Herren", und wähle als Namen für den AutoText-Eintrag „sgdhn".

b) Die übersichtlichere Methode

- Markiere „Bewerbung als Ferienpraktikant" **ohne** die Absatzmarke.
- Wähle Extras → AutoKorrektur-Optionen, Registerkarte AutoText.
  Word hat den Text übernommen. (Man könnte natürlich den Text auch gleich in das dafür vorgesehene Feld schreiben.)

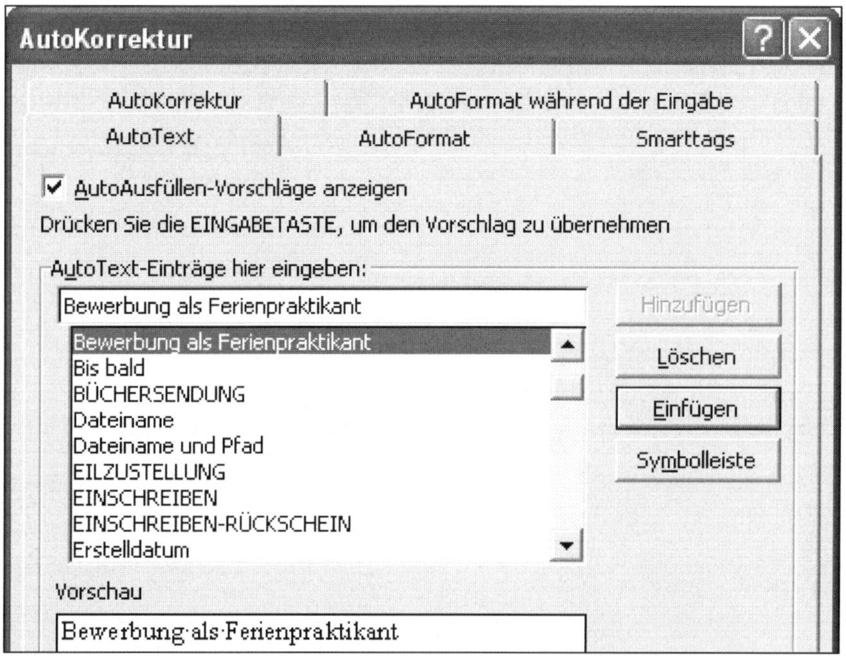

- Klicke auf Hinzufügen und bestätige mit OK.

Praxis 27		WORD

3) Wähle Datei → Neu. Schreibe einen Brief (mit deinen Daten) laut Vorlage unter Verwendung des „AutoTextes“ (Arial 12). Überzeuge dich vorher, dass alle Optionen auf den Registerkarten der „AutoKorrektur“ aktiviert sind (besonders „AutoFormat während der Eingabe"). Die Wörter zwischen zwei Sternen werden während der Eingabe automatisch **fett** gedruckt (das geht schneller als mit der Maus).

Markus·Taler¶
Am·Bergl·12¶
53229·Bonn¶
☎·02763·/·53·127¶
¶
¶
¶
¶
Karl·Kratochwil·&·Söhne¶
Hauptstr.·94¶
12435·Berlin¶
¶
→ → → → → → → → → → 14.·Januar·2009¶
¶
¶
Bewerbung·als·Ferienpraktikant¶
¶
Sehr·geehrte·Damen·und·Herren,¶
¶
da·ich·praktische·Erfahrungen·sammeln·möchte,·bewerbe·ich·mich·als·Ferienpraktikant·in·Ihrer·Firma.¶
¶
Derzeit·besuche·ich·die·achte·Klasse·der·Hauptschule·in·Bonn,·habe·aber·schon·das·15.·Lebensjahr·erreicht.¶
¶
Ich·verfüge·über·gute·Kenntnisse·in·der·*Textverarbeitung*·und·in·*Englisch*.¶
¶
Es·würde·mich·freuen,·eine·positive·Antwort·von·Ihnen·zu·erhalten·¶
¶
Mit·freundlichen·Grüßen¶
¶
¶
1·Kopie·des·Jahreszeugnisses¶

4) Speichere den Brief unter „**Ferienpraxis.doc**".
Mit Rücksicht auf deine Mitschüler, die auch mit „AutoText“ arbeiten wollen, wäre es angebracht, deine Einträge im „AutoText“ nach Gebrauch wieder zu löschen. Damit vermeidet man eine Anhäufung von nie wieder verwendetem Textmaterial. Für den Eigengebrauch zu Hause wirst du das natürlich nicht tun!

5) Beim Beenden von Word soll man (in der Schule) die durchgeführten Änderungen von „Normal.dot“ **nicht** speichern, um für jeden Schüler die selbe Ausgangsposition zu erhalten.

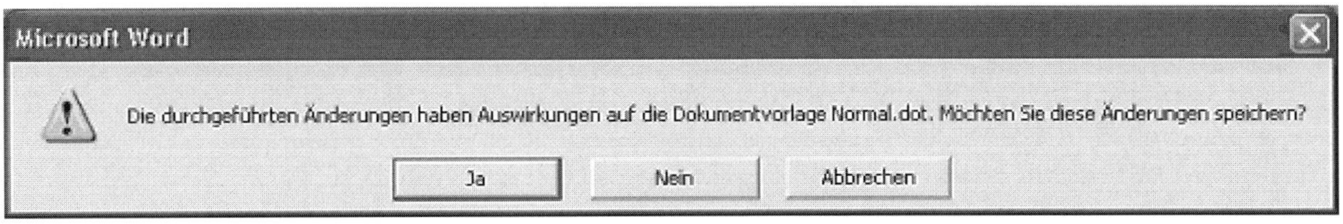

Wir wollen ein Formular erstellen

Ein Formular in WORD ist aufgebaut wie ein Formular im Alltag: Nur in den dafür vorgesehenen Feldern des Blattes sollen (können/dürfen) ganz bestimmte Informationen eingetragen werden.
Im Folgenden erstellen wir ein Entschuldigungsformular, das immer wieder verwendbar sein soll. Zum Erstellen eines Formulars in WORD benötigt man eine Tabelle. Diese kann man in das Dokument einfügen (Tabelle → Einfügen → Tabelle) oder aber zeichnen. Diese für uns neue Methode wollen wir deshalb anwenden, weil die Zeilen und Spalten bedingt durch den Text sehr unregelmäßig ausgeführt sind.

1) Starte WORD und klicke in der Standardsymbolleiste auf das Symbol [ ] oder wähle Tabelle → Tabelle zeichnen.
   Damit wird eine weitere Symbolleiste geöffnet. Einige Symbole sind dir bereits bekannt. Blende außerdem die Absatzmarken [¶] ein.

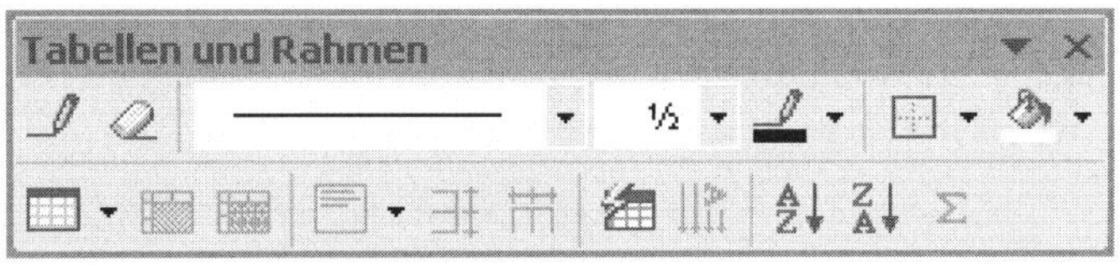

2) Aktiviere das erste Symbol (Tabelle zeichnen). Durch Klicken und Ziehen mit der Maus kannst du die gewünschten Zeilen und Spalten festlegen. Zeichne nun eine Tabelle laut Vorlage.

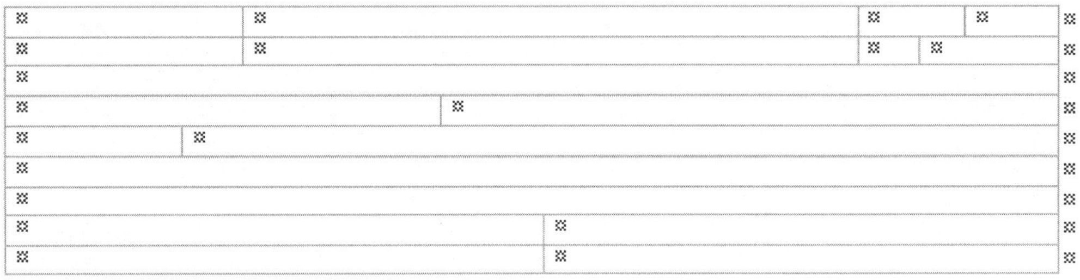

Hinweis: Die Linien der Tabelle heißen „Gitternetzlinien“ und sind nur auf dem Bildschirm sichtbar. Sie werden jedoch **nicht** gedruckt. Wenn man Linien einer Tabelle auch ausdrucken möchte, so muss man Rahmen zeichnen.

Anleitung zum Zeichnen von Rahmen:

- Markiere eine beliebige Zelle, öffne das Kontextmenü → Rahmen und Schattierung.
- Wähle als Strichbreite ½ pt.
- Klicke auf „Kontur“, dann auf „Ohne“ und beobachte im Vorschaufenster die Veränderung.
- Klicke im Vorschaufenster die vier Seiten des Rechtecks an. So kannst du einzelne Rahmenlinien zeichnen oder löschen.

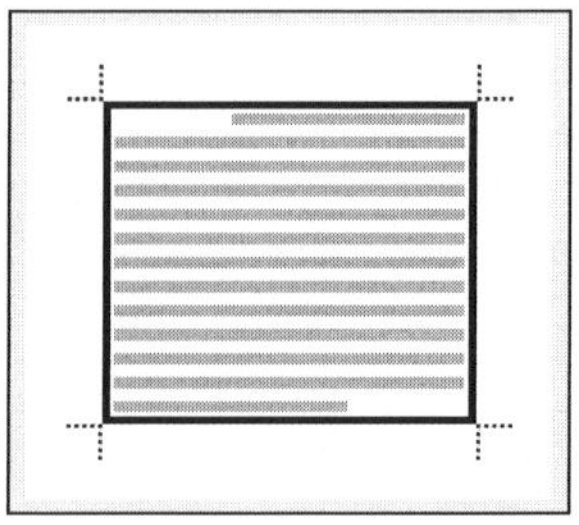

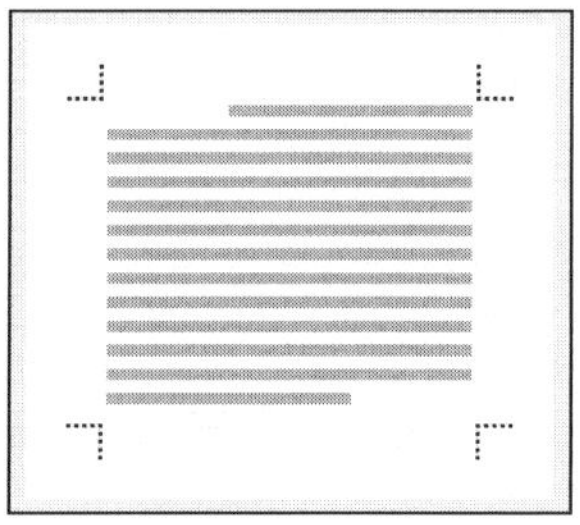

- Markiere die beiden ersten Zeilen, öffne das Menü „Rahmen und Schattierung“.
- Wähle als Strichbreite 1½ pt.
- Achte auf das Vorschaufenster, während du einmal auf „Kontur“, „Alle“ und „Gitternetz“ klickst.
- Schau dir jetzt diese drei Varianten auch in der echten Tabelle an, indem du jeweils mit OK bestätigst.

  Beachte: Die Vorschau zeigt höchstens vier Zellen, obwohl mehr markiert wurden.

3) Zeichne die Rahmen der Tabelle laut Vorlage.

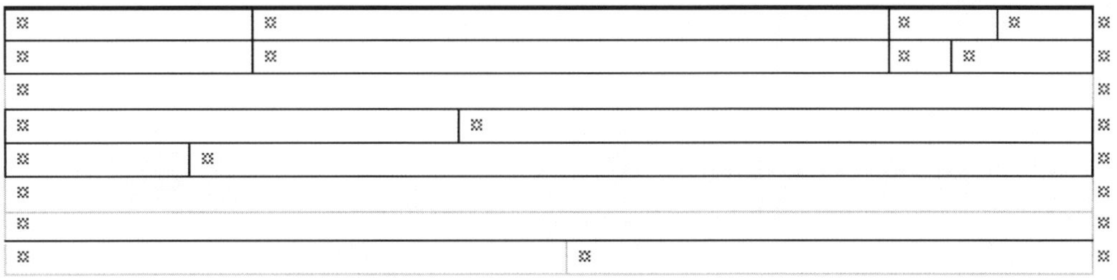

Anmerkung: Die Begrenzung einzelner Zellen kannst du später verschieben, indem du die Zelle markierst und den Rand an die gewünschte Stelle ziehst.

4) Ergänze nun den Text (Arial, 12) und passe Zeilenhöhen und Spaltenbreiten an.

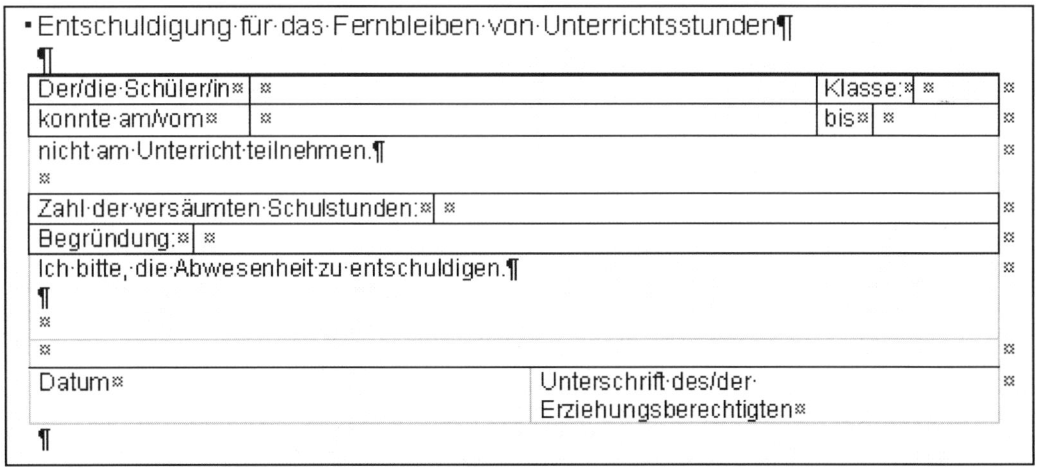

Entschuldigung für das Fernbleiben von Unterrichtsstunden

Der/die Schüler/in		Klasse:	
konnte am/vom		bis	

nicht am Unterricht teilnehmen.

Zahl der versäumten Schulstunden:	
Begründung:	

Ich bitte, die Abwesenheit zu entschuldigen.

Datum	Unterschrift des/der Erziehungsberechtigten

5) Speichere das Dokument unter „**Formular.doc**".

6) Aktiviere die Symbolleiste „Formular".

7) Positioniere den Cursor in der zweiten Spalte der ersten Zeile und klicke auf das Symbol „Dropdown-Formularfeld". In einem solchen (grauen) Feld kann man gleich mehrere Namen (z. B. alle Kinder einer Familie) angeben, um sie später beim Ausfüllen des Entschuldigungsformulars auszuwählen.

8) Öffne das Kontextmenü im grauen Feld und wähle „Eigenschaften". Schreibe den Namen „Alexander Taler" in das Feld „Dropdownelement" und klicke auf „Hinzufügen", sodass der Name in der Dropdownliste erscheint.

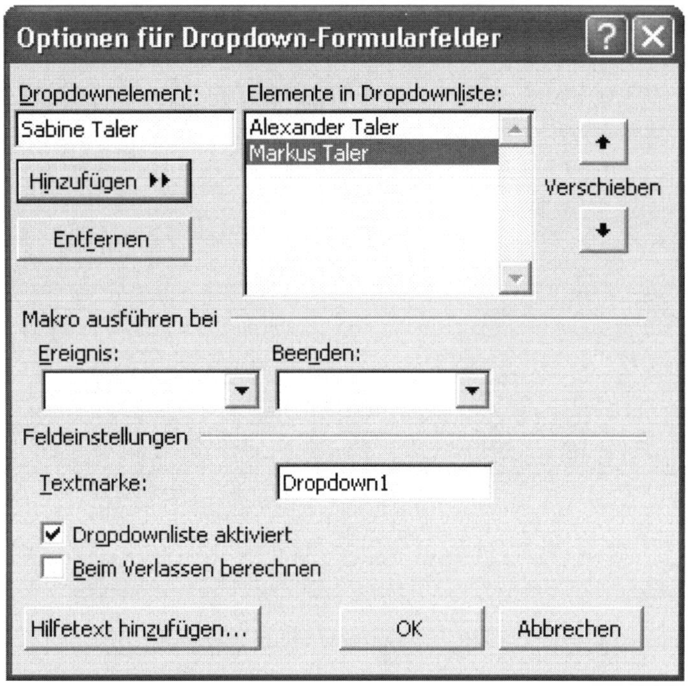

Verfahre ebenso mit den beiden anderen und deinem eigenen Namen. Mit den Pfeiltasten neben der Liste kannst du die Reihenfolge der Namen verändern. Bestätige mit OK.

9) Setze den Cursor in die letzte Zelle der ersten Zeile, klicke auf das Symbol ab| und füge damit ein „Textformularfeld" ein.

10) Füge in der zweiten Zelle der zweiten Zeile nochmals ein Textfeld ein. Wähle im Kontextmenü „Eigenschaften" als Typ „Datum". Als Datumsformat wähle „tt.MM.jjjj" (oder Englisch „dd.MM.yyyy"). Das bedeutet, dass Tag und Monat jeweils zweistellig, das Jahr jedoch vierstellig angezeigt werden. Definiere genauso die letzte Zelle in der Zeile.

11) Füge Textfelder für „versäumte Schulstunden" und „Begründung" ein. Für das Eingabefeld der „Begründung" wollen wir Hilfetexte eingeben, die in der Statuszeile (am unteren Rand des Programmfensters) und bei Betätigung von <F1> angezeigt werden.

12) Öffne „Eigenschaften" im Kontextmenü des Feldes und klicke auf „Hilfetext hinzufügen". Schreibe den Text für die Statusleiste in das vorgesehene Feld. Für die „Hilfetaste (F1)" wählen wir eine genauere Beschreibung: „Die Begründung soll stichwortartig angegeben werden, z. B. Verkühlung, Bauchschmerzen, Kreislaufprobleme, Arzttermin". Bestätige alle Eingaben mit OK.

13) Zum Schluss brauchen wir noch das Eingabefeld für das Ausstellungs- datum. Dann wähle im Dialog „Eigenschaften" als Typ „Aktuelles Datum" und das selbe Format wie bei den beiden anderen Datumsfeldern. Bestätige mit OK.

14) Mit dem Symbol musst du dein Formular schützen, damit es benutzt werden kann. Speichern!

15) Willst du dein Formular später abändern, musst du vorher die Sperre durch Deaktivieren des Schlosses wieder aufheben.

16) Schließe die Datei und öffne sie wieder. Fülle das Formular aus, verwende die Tabulatortaste, um in das nächste Eingabefeld zu gelangen. Das Feld für das Ausstellungsdatum ist davon nicht betroffen, weil es mit einer Funktion verknüpft ist.
Wenn du ein ausgefülltes Formular speichern willst, solltest du einen anderen Namen verwenden, da sonst das Originalformular beim nächsten Öffnen schon ausgefüllt erscheint, was eventuell Verwirrung stiften könnte.

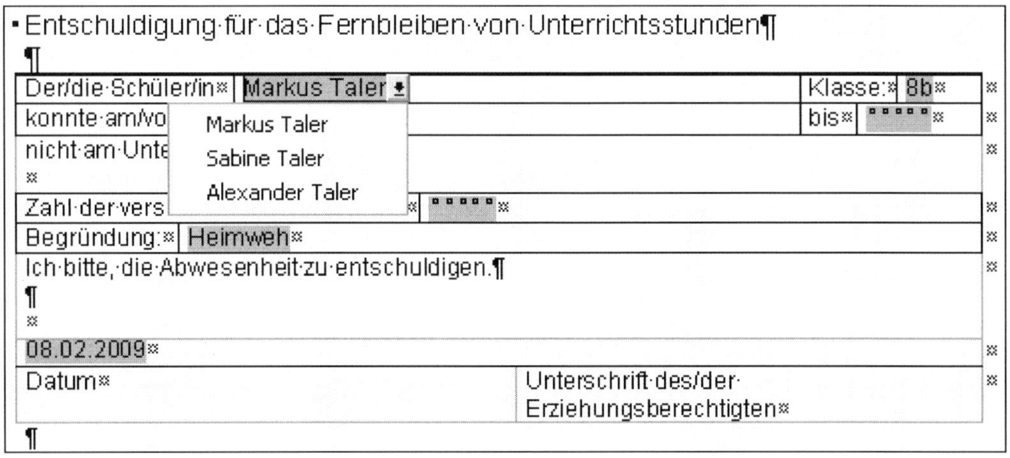

Wir wollen eine Datenbank erstellen

In den folgenden Praxisstunden werden wir eine Datenbank über die Schüler und Schülerinnen deiner Klasse anlegen. Wir werden zuerst die eigentliche Datenbank („Tabellen") erstellen, Beziehungen zwischen den Tabellen festlegen, „Formulare" zur Dateneingabe gestalten und einige Daten eingeben. Dann definieren wir „Abfragen" und einen „Bericht".

Bedenke: Mit den Daten anderer Personen muss mit Bedacht umgegangen werden. Keinesfalls dürfen Daten ohne Erlaubnis der betreffenden Person weitergegeben werden! Jeder sollte auch für sich überlegen, welche Informationen er wem gibt.

Wir wollen Tabellen erstellen

1) Starte Access (meistens) mit
   Start → Alle Programme → Microsoft Access

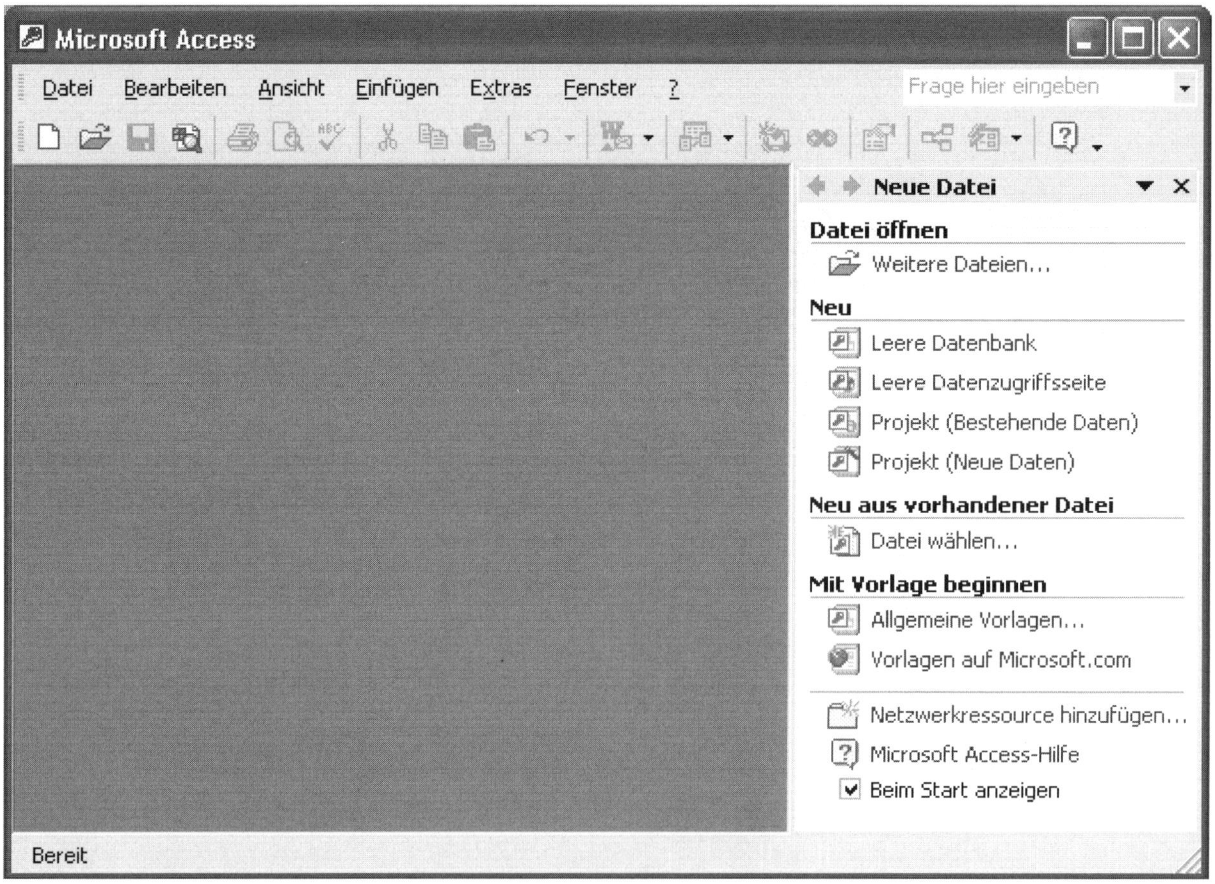

2) Klicke im Aufgabenbereich unter „Neu" auf „Leere Datenbank".

3) Speichere deine neue Datenbank unter „**Meine Klasse.mdb**" in deinem Ordner. „.MDB" steht für eine **M**icrosoft **D**aten**B**ank.

Der Übersichtlichkeit wegen kannst du den Aufgabenbereich ausschalten (Ansicht → Symbolleisten → Aufgabenbereich).

4) Wir erstellen eine Tabelle unter Verwendung des Assistenten.

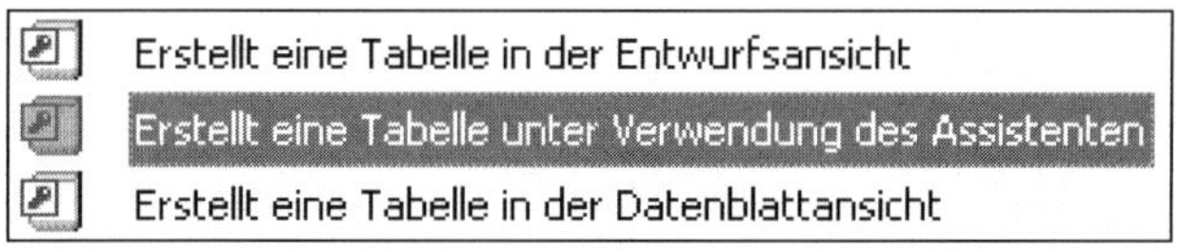

5) Im „Assistenten“ wähle die Variante „Privat“, als Beispieltabelle „Adressen“.

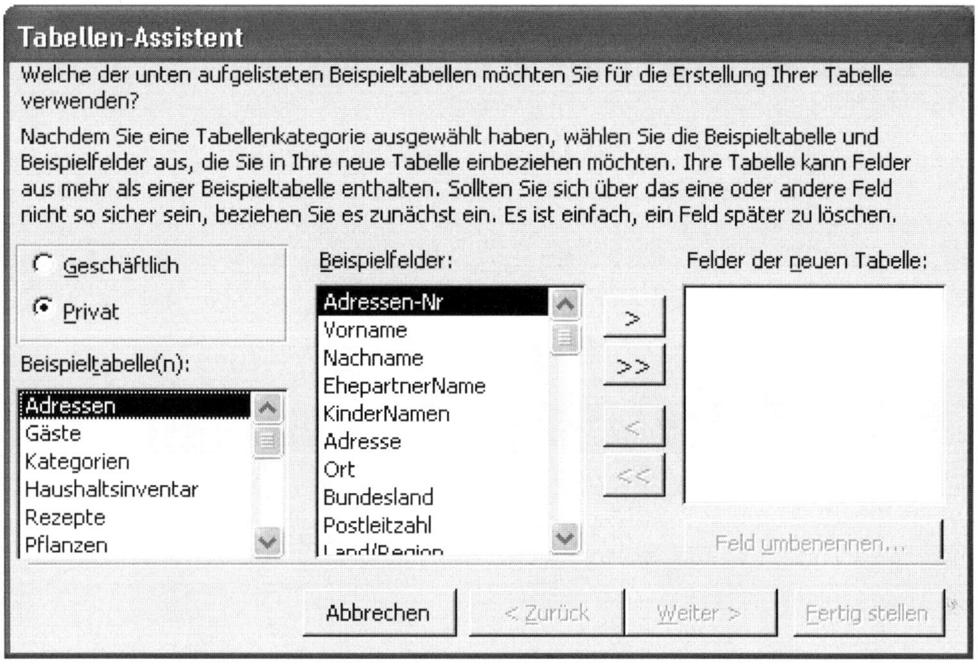

6) Verwende die Schaltfläche >, um die neue Tabelle mit folgenden Beispielfeldern zu füllen:

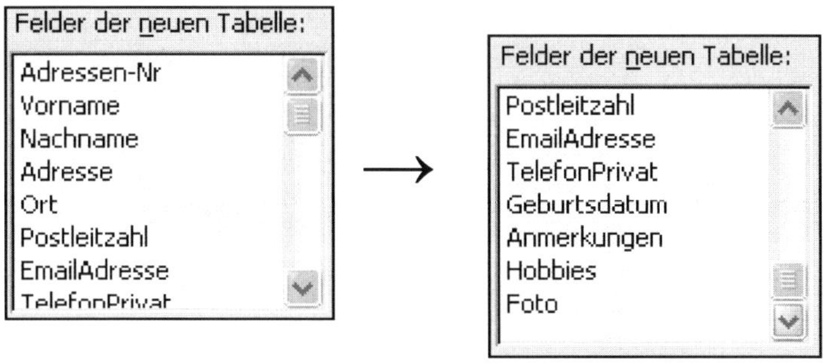

7) Klicke auf „Weiter“, gib der Tabelle einen Namen (z. B. Schulklasse).

8) Lies dir die Information über „Primärschlüssel“ durch.

> Microsoft Access verwendet eine besondere Art von Feld, genannt Primärschlüssel, um jeden Datensatz einer Tabelle eindeutig zu identifizieren. So wie ein Autokennzeichen ein Auto identifiziert, identifiziert ein Primärschlüssel einen Datensatz.

Stell dir vor, du sollst in einer großen Adressdatenbank einen gewissen Johann Müller suchen. Ohne sinnvollen Primärschlüssel muss man besonders bei Namensgleichheiten noch weitere Suchkriterien (Adresse, Geburtsdatum) mit einbeziehen, um den richtigen Johann Müller zu finden. Daher ist es günstig, als Primärschlüssel eine fortlaufende Nummer zu wählen.

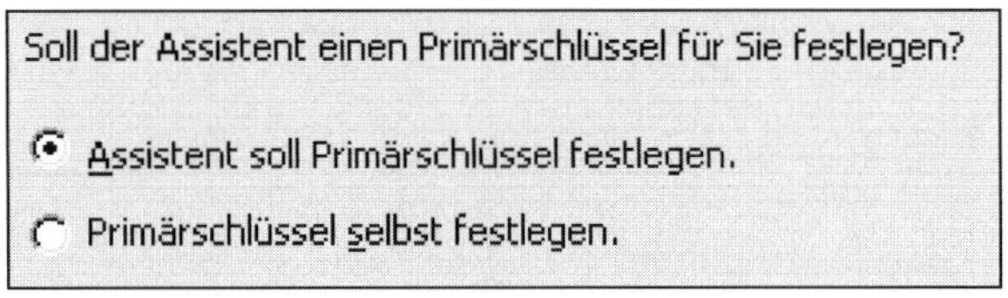

9) Klicke auf „Weiter“, dann auf „Fertig stellen“. Mit diesem Schritt wird die Tabelle „Schulklasse“ automatisch in der Datenbank „Meine Klasse“ gespeichert.

10) Schließe die Tabelle! – Wir geben noch keine Daten ein. Zuerst brauchen wir noch eine andere Tabelle. Diese wird uns Auskunft über die Hobbys der Schüler geben. Wir nehmen an, dass mehrere Schüler gleiche Hobbys haben. In diesem Fall ist es sinnvoll, alle Hobbys der Schüler in einer eigenen Tabelle zu sammeln und zu nummerieren. Diese Zahl wird dann in die Tabelle „Schulklasse“ eingetragen. Damit wird eine „Verknüpfung“ hergestellt.

Wir wollen eine Tabelle in der Entwurfsansicht erstellen

1) Wir erstellen die Tabelle „Hobbys“.

2) Wähle Feldnamen, Felddatentypen und Feldeigenschaften wie in der Abbildung. Beachte dabei die Beschreibung der Begriffe im Bereich rechts unten.

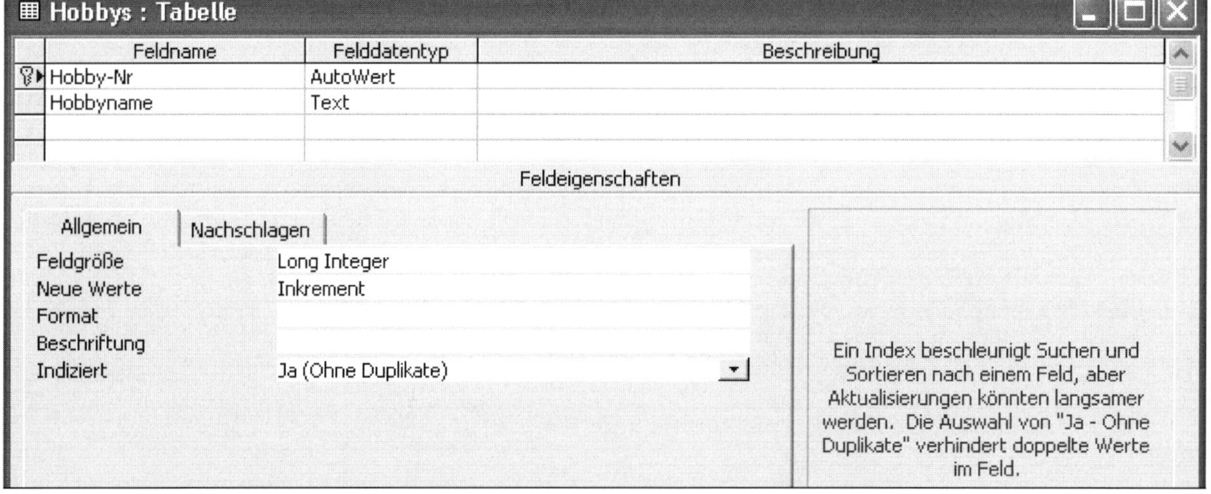

3) Bestimme „Hobby-Nr" zum Primärschlüssel (Kontextmenü).

Begriffserklärungen:
AutoWert: Bei Eingabe eines neuen Datensatzes wird für dieses Feld automatisch ein Wert (eine Zahl) eingetragen.
Long Integer: Begriff aus der Programmierung; bezeichnet eine ganze Zahl im Bereich von ca. -2 Mrd. bis ca. +2 Mrd.
Inkrement: Bedeutet, dass der neue Wert eines Feldes vom Typ AutoWert um 1 erhöht wird.

4) Speichere die Tabelle unter „Hobbys" und schließe sie.

Wir wollen Tabellen verknüpfen

1) Öffne die Tabelle „Schulklasse" in der Entwurfsansicht (Kontextmenü).

2) Ändere den Felddatentyp des Feldes „Hobbys" von „Text" auf „Zahl". Der Klarheit wegen ändern wir auch den Feldnamen und die Beschriftung (unten bei den Eigenschaften) auf Hobby-Nr.

3) Speichere und schließe die Tabelle.

4) Wähle Extras → Beziehungen (oder das Symbol in der Symbolleiste).

5) Füge die beiden Tabellen hinzu und schließe das Fenster.

6) Vergrößere die Tabelle „Schulklasse", sodass du alle Felder sehen kannst.

7) Ziehe das Feld „Hobby-Nr" der Tabelle „Hobbys" auf das Feld „Hobby-Nr" in der Tabelle „Schulklasse" und lasse es dort los. Wähle für die neue Beziehung „Mit referentieller Integrität". Das stellt sicher, dass verknüpfte Daten nicht versehentlich geändert oder gelöscht werden.

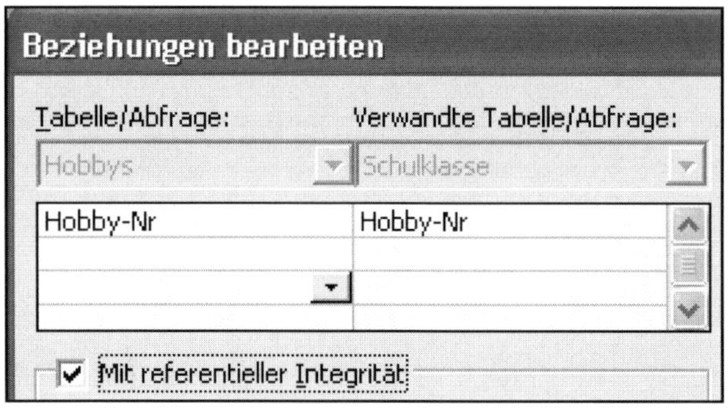

steht für „1 zu viele“ und bedeutet, dass die Werte im Feld „Hobby-Nr“ in der Tabelle „Hobbys“ nur **ein** Mal, in der Tabelle „Schulklasse“ aber **viele** Male vorkommen können. In der Mathematik wird dafür gerne das „Unendlich“-Zeichen (∞) verwendet. Jetzt klicke auf „Erstellen“ und die Beziehung zwischen den Tabellen wird grafisch dargestellt.

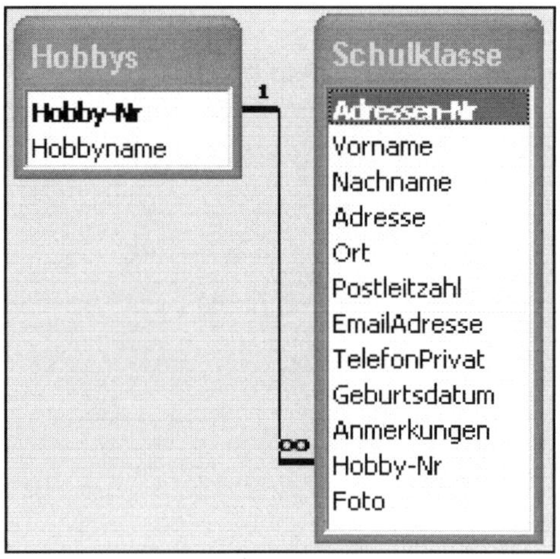

8) Beim Speichern wird die Beziehung für uns nicht sichtbar in der Datenbank abgelegt, daher erscheint auch nicht das übliche Fenster mit Speicherort und Dateinamen.
Speichere und schließe das Fenster.

Wir wollen Daten in Tabellen eingeben – direkt und in Formularen

1) Öffne die Tabelle „Hobbys“. Trage einige Hobbys deiner Klasse in die Tabelle ein. Bedenke: Die Hobby-Nr wird automatisch vergeben, du kannst sie nicht ändern.

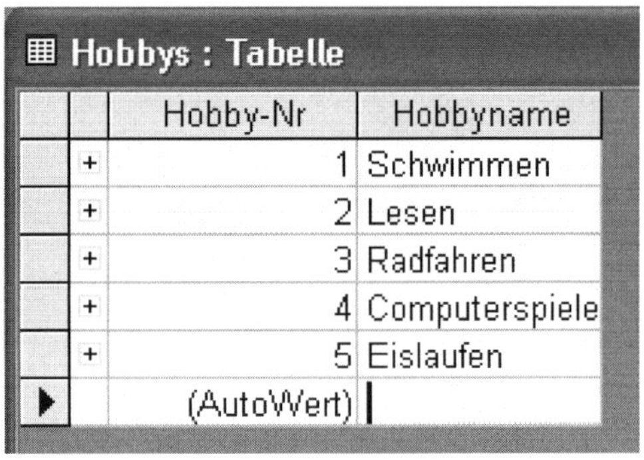

Hobbys : Tabelle

		Hobby-Nr	Hobbyname
	+	1	Schwimmen
	+	2	Lesen
	+	3	Radfahren
	+	4	Computerspiele
	+	5	Eislaufen
▶		(AutoWert)	

Diese Methode der direkten Eingabe ist bei Tabellen mit wenigen Feldern durchaus brauchbar. Bei Tabellen mit vielen Feldern ist sie jedoch nicht zu empfehlen.
Schließe „Hobbys“ und öffne die Tabelle „Schulklasse“. Da du möglicherweise nicht alle Überschriften auf einen Blick sehen kannst, wird die Eingabe der Daten schnell unübersichtlich. Wir werden deshalb Formulare zur Eingabe erstellen, wie es üblicherweise bei der Arbeit mit Datenbanken der Fall ist.
Schließe „Schulklasse“.

2) Klicke auf „Formulare“ und wähle zur Erstellung den Assistenten.

3) Da wir alle Felder auswählen wollen, verwende die Schaltfläche >>.

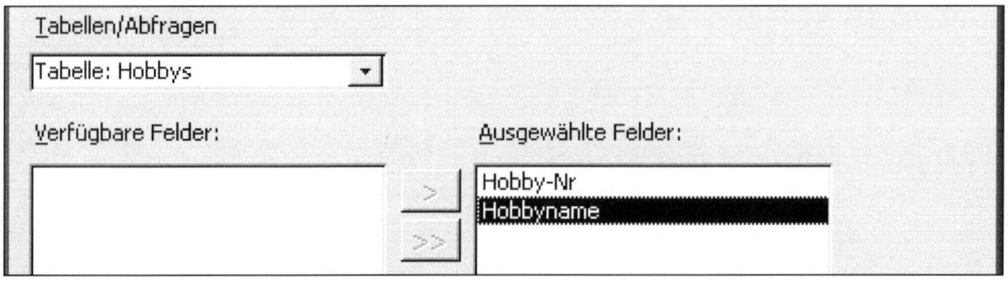

4) Klicke auf „Weiter“ und wähle als Layout „Tabellarisch“. Schau dir auch die anderen Möglichkeiten für das Layout an.

5) Klicke auf „Weiter“ und wähle ein beliebiges Format. Wir verwenden das Standardformat.

6) Klicke auf „Weiter“, dann auf „Fertig stellen“. Ergänze die Tabelle mit weiteren Einträgen.
Probiere auch die Schaltflächen am unteren Rand des Formulars. Sie dienen zum Navigieren zwischen den Datensätzen.

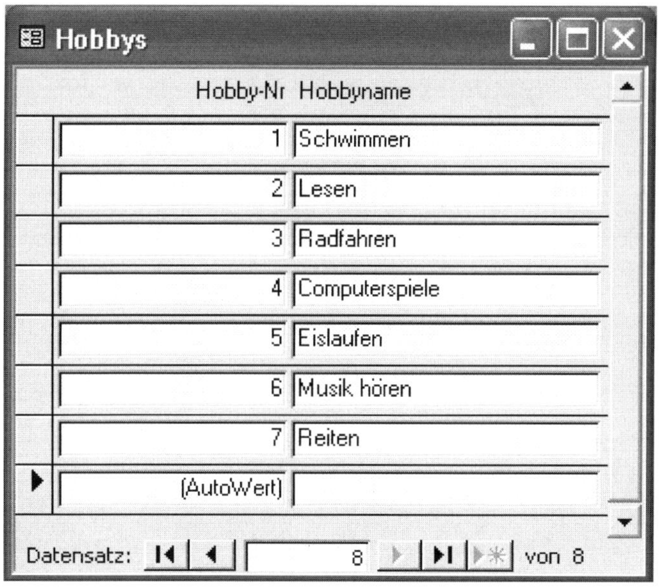

7) Schließe das Formular.

8) Wir erstellen nun ein Formular für die Tabelle „Schulklasse“ – und nutzen hierfür erneut den Assistenten.

9) Wähle wieder alle Felder der Tabelle „Schulklasse“ aus. Zusätzlich würden wir aber auch gern den Hobbynamen aus der Tabelle „Hobbys“ im Formular sehen.

10) Markiere die Felder, wie in der Abbildung gezeigt. Mit der Schaltfläche (oder mit Doppelklick) fügst du den Hobbynamen den ausgewählten Feldern direkt hinter „Hobby-Nr“ hinzu.

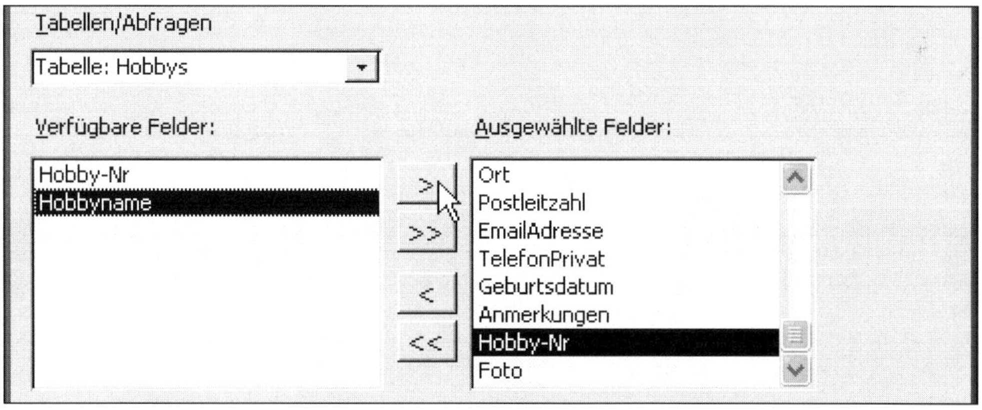

11) Du könntest jetzt das Formular „Fertig stellen“ oder mit „Weiter“ die folgenden Dialogfenster anschauen und dann „Fertig stellen“. In diesem Fall ändere keine der vorgegebenen Einstellungen (außer eventuell das Format).

Bevor wir mit der Dateneingabe beginnen, müssen wir das Feld „Hobbyname“ vor unabsichtlichen Veränderungen schützen. Dieser Schutz ist deshalb notwendig, da jede Änderung im Feld „Hobbyname“ eine Änderung in der damit verknüpften Tabelle „Hobbys“ bedeutet.

12) Öffne das Kontextmenü im Feld „Hobbyname“ und wähle „Eigenschaften“.

13) Suche die Eigenschaft „Gesperrt“ und setze sie auf „Ja“. Speichere das Formular. Wenn du willst, schließe das Kontextmenü.
Da wahrscheinlich auch bei dir nicht alle Feldbezeichnungen vollständig lesbar sind, muss das Formular ein wenig verändert werden.

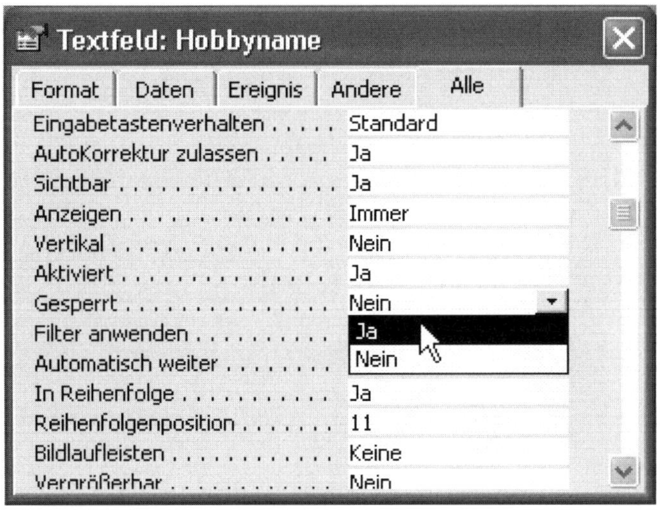

14) Wechsle in die Entwurfsansicht (auch Formularentwurf oder Entwurf), Symbol  .

15) Passe nun das Formular deinen Vorstellungen an. Markiere und ziehe die Felder an die gewünschten Positionen.
Tipps: Raster und Lineale helfen bei der Ausrichtung und Größenänderung. Du kannst beides aber auch ausschalten (Menü „Ansicht“).
Wechsle zur Kontrolle immer wieder in die Formularansicht, Symbol  .
Wenn du ein Feld markierst, siehst du große und kleine schwarze Quadrate. Große Quadrate dienen zum Verschieben, kleine zur Größenänderung eines Objekts. Achte auf die Veränderung des Mauszeigers:

 erscheint über einem großen schwarzen Quadrat der Markierung und bedeutet, dass nur dieses eine Feld verschoben wird,

 erscheint über einer Linie der Markierung oder innerhalb mehrerer markierter Felder und bedeutet, dass alle markierten Felder gleichzeitig verschoben werden.

So ungefähr könnte dein (fast) fertiges Formular aussehen:

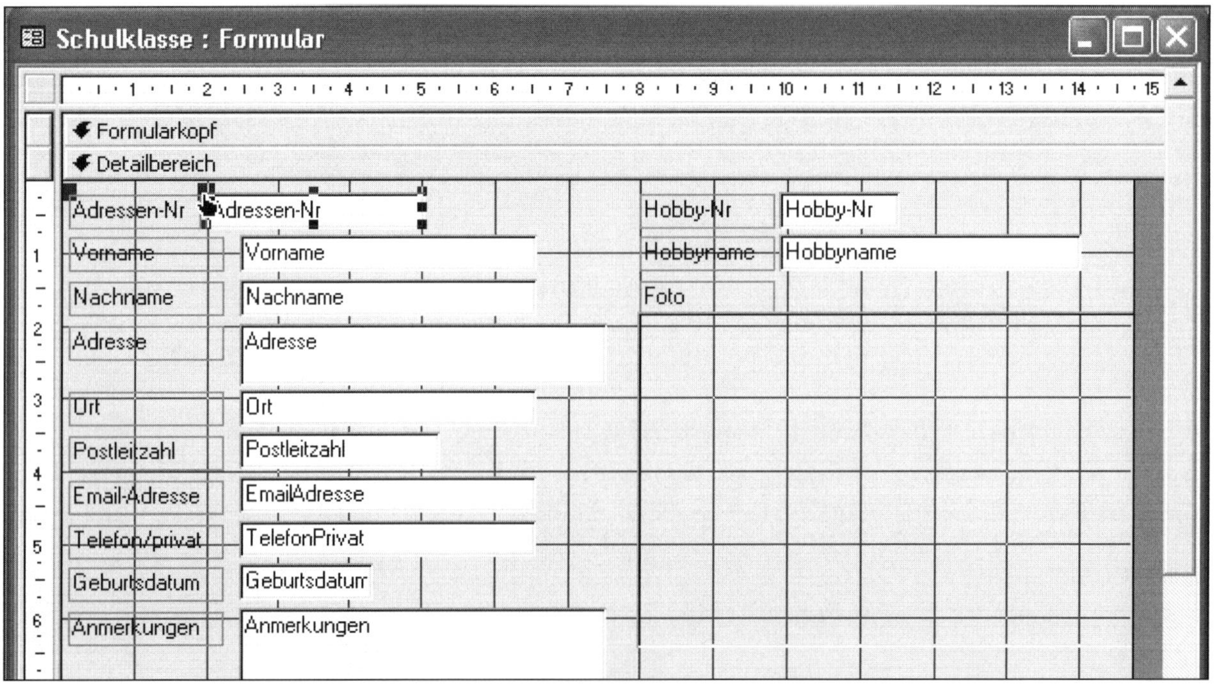

16) Wenn du mit dem Ergebnis zufrieden bist, speichere deine Arbeit und wechsle in die Formularansicht. Öffne zusätzlich das Formular „Hobbys“. Jetzt kannst du mit der eigentlichen Dateneingabe beginnen. Beim Eintippen der Hobby-Nr erscheint nun automatisch der dazugehörige Hobbyname.
Beachte: Ein Foto kannst du erst einfügen, wenn in dem Datensatz schon eine Hobby-Nr eingegeben ist. Du kannst die Fotos aber auch später hinzufügen.
Hinweis: Wenn in deiner Datei „Adressen.doc“ schon viele für dich brauchbare Daten sind, wäre es sinnvoll, sie auch weiterzuverwenden. In diesem Fall beachte besonders das nächste Kapitel („Daten importieren“).

17) Ein Foto kannst du auf mehrere Arten in die Datenbank importieren:
- In einem Bildbearbeitungsprogramm (z. B. Paint) die gewünschte Datei öffnen, das ganze Bild oder einen Teil davon „kopieren“, im Feld „Foto“ „einfügen“.
  Beachte: Am sinnvollsten verwendest du Dateien im Bitmap-Format (**.BMP**), weil Access und andere Office-Programme damit am besten umgehen können.
- Öffne im Feld „Foto“ das Kontextmenü → Objekt einfügen, dann suche die Datei, die du einfügen möchtest.

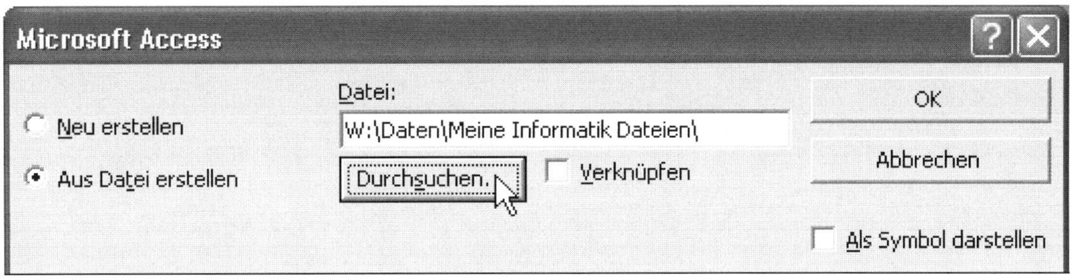

Wir wollen Daten in eine Tabelle importieren

1) Öffne deine Datei „Adressen.doc“.

2) Lösche eventuelle Leerzeilen vor der ersten Adresse.

3) Kopiere die Tabelle und füge sie in eine neue Excel-Tabelle (ab Zelle A1) ein und speichere sie gleich einmal (z. B. als **„Adressen_Import.xls“**).

4) Du musst nun deine Excel-Tabelle so anpassen, dass sie dem Aufbau deiner Access-Tabelle „Schulklasse“ entspricht.
- Lösche die Spalten „Anrede“ und „Spitzname“.
- Die Spalte/das Feld „Adressen-Nr“ brauchst du nicht, die Nummer wird in Access automatisch vergeben.
- Passe die Überschriften der Tabelle an die Feldnamen in Access an – das macht die Sache übersichtlicher.
- **Wichtig**: Trage als Hobby-Nr eine Zahl ein, die du in deiner Tabelle „Hobbys“ schon angelegt hast.

5) So ungefähr sollte deine Excel-Tabelle aussehen:

	A	B	C	D	E	F	G	H	I	J	K
1	**Vorname**	**Nachname**	**Adresse**	**Ort**	**Postleitzahl**	**EmailAdresse**	**TelefonPrivat**	**Geburtsdatum**	**Anmerkungen**	**Hobby-Nr**	**Foto**
2	Conny	Berger	Azaleenweg 12	Berlin	10115		234 98 32			1	
3	Hans	Hübner	Hausfeldstraße 21	Berlin	10115		734 45 67			1	
4	Ernst	Kriegler	Oleanderstraße 45	Berlin	10249		235 62 58			1	
5	Christian	Lechner	Blattgasse 23	Berlin	10115		234 78 91			1	
6	Maximilan	Meier	Astgasse 34	Berlin	10115		735 23 85			1	
7	Bettina	Neumann	Kapellergasse 2	Berlin	10589		235 78 12			1	
8	Silvia	Schön	Gladiolenweg 52	Berlin	10249		234 42 19			1	

6) Speichere deine Tabelle und schließe Excel.

7) In Access: Schließe alle offenen Formulare und Tabellen.

8) Wähle Datei → Externe Daten → Importieren. Suche deine Datei „Adressen_Import.xls“ (Dateityp beachten!) und klicke auf „Importieren“.

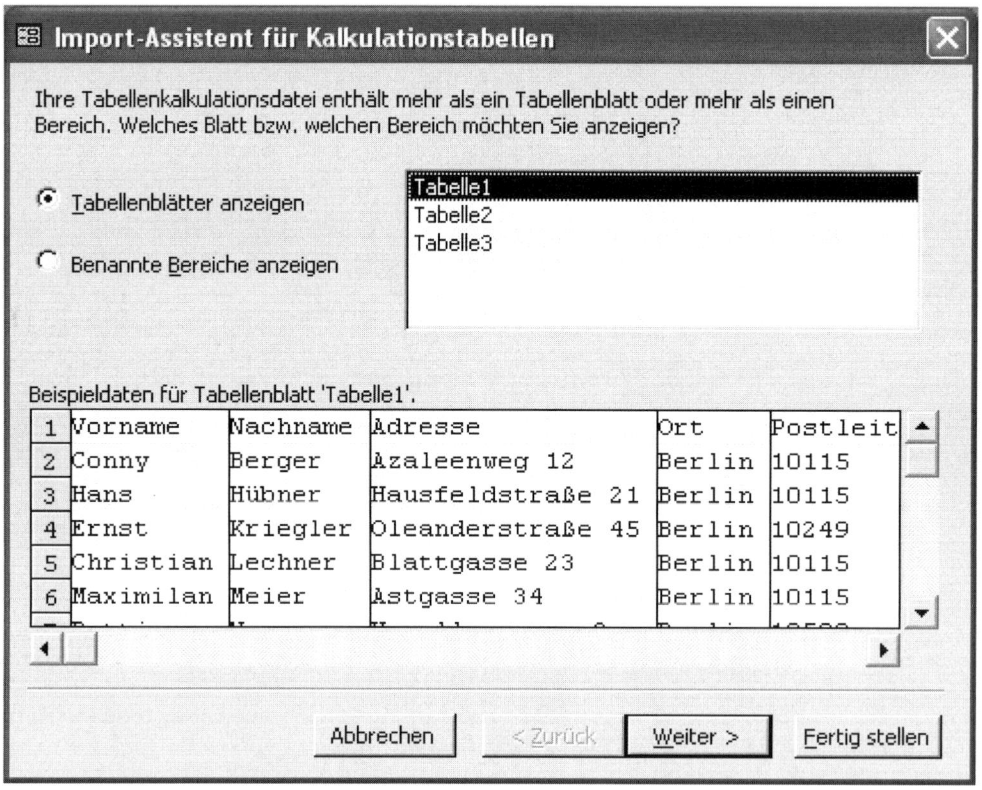

- In diesem Fenster ist alles so, wie wir es brauchen. Klicke auf „Weiter“.
- Da deine erste Zeile Spaltenüberschriften enthält, aktiviere das Kontrollkästchen. Klicke auf „Weiter“.
- Du willst die Daten in einer bestehenden Tabelle speichern. Wähle im Auswahlfeld deine Tabelle „Schulklasse“. Klicke auf „Weiter“.
- Access hat alle nötigen Informationen. Klicke auf „Fertig stellen“.
- Jetzt meldet der Assistent (hoffentlich!), dass der Import der Datei in deine Tabelle abgeschlossen ist.

9) Ergänze bzw. überprüfe nun deine Datensätze – vor allem Hobby-Nr und Foto.

Wir wollen Abfragen erstellen

1) Klicke auf „Abfragen“ und wähle zur Erstellung den Assistenten.

2) Wähle wie beim Formular alle Felder aus der Tabelle „Schulklasse“ und den Hobbynamen aus der Tabelle „Hobbys“.

3) Gehe mit „Weiter“ in das folgende Dialogfenster, nenne die Abfrage „Schulklasse nach Nummern“ und öffne mit „Fertig stellen“ die Abfrage.

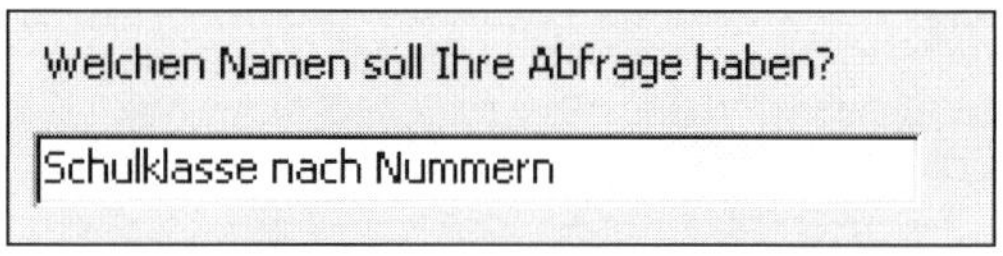

Die Abfrage ähnelt in der „Datenblattansicht“ sehr der Tabelle. Wenn du genau schaust, siehst du, dass die Abfrage nach der Hobby-Nr sortiert ist. Das wollten wir eigentlich nicht.

4) Wechsle also in die Entwurfsansicht (bzw. „Abfrageentwurf“). Wähle im Feld „Adressen-Nr“ bei „Sortierung“ die Eigenschaft „Aufsteigend“.

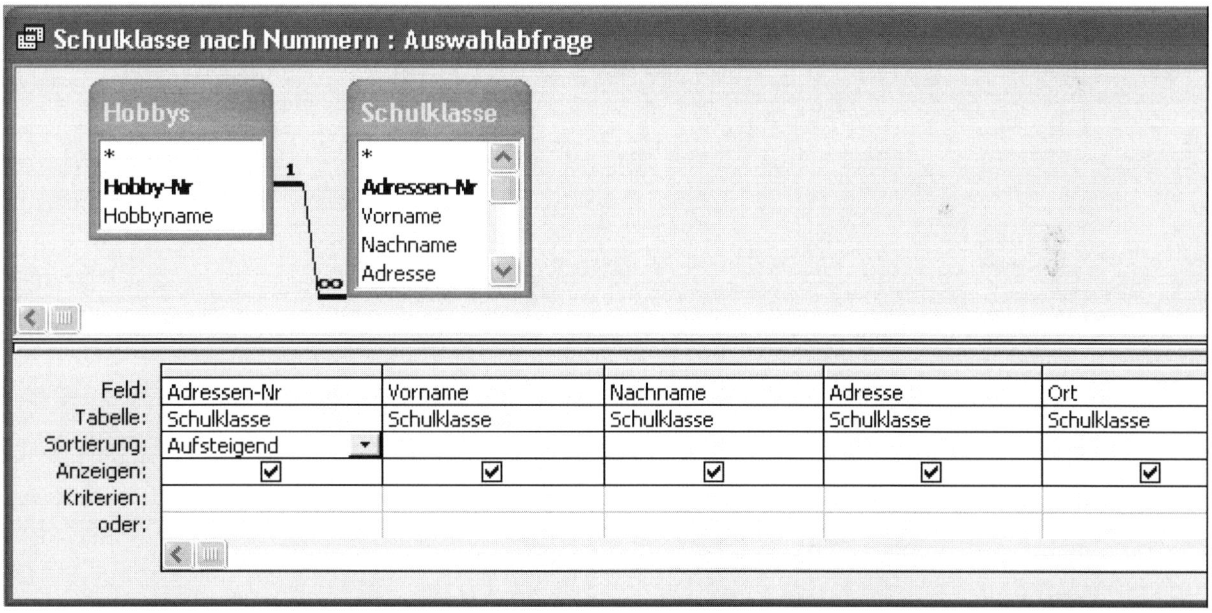

Wechsle wieder in die Datenblattansicht. Nun sieht die Abfrage aus, wie wir sie erwartet haben – sortiert nach der aufsteigenden Adressen-Nr. Speichere die Abfrage und schließe sie.

5) Wir erstellen eine neue Abfrage in der Entwurfsansicht. Füge die beiden Tabellen hinzu und schließe das Fenster.

6) Füge alle Felder aus „Schulklasse“ und den Hobbynamen aus „Hobbys“ in die Abfrage ein (mit Doppelklick oder „drag and drop“).

7) Speichere die Abfrage unter „Schulklasse diverses". Diese Abfrage verwenden wir, um einige Möglichkeiten kennenzulernen. Um das jeweilige Resultat zu sehen, musst du in die Datenblattansicht wechseln.

Abfrage	Tätigkeit	Anmerkung
Die Nachnamen sollen alphabetisch geordnet sein.	Feld: Nachname Sortierung: Aufsteigend	Um eine Sortierung wieder zu löschen, wähle für das Feld „(nicht sortiert)".
Wer hat die Postleitzahl 10115?	Feld: Postleitzahl Kriterien: 10115	Die Anführungszeichen werden von Access automatisch hinzugefügt.
Wer hat im März Geburtstag?	Feld: Geburtstag Kriterien: "??.03.????"	Hier musst du die Anführungszeichen selbst schreiben. „Wie" wird automatisch ergänzt.
Wer ist 1994 geboren?	Feld: Geburtstag Kriterien: "??.??.1994" oder *1994	„?" – Platzhalter für genau ein Zeichen. „*" – Platzhalter für „alles" inklusive „nichts". Hier: „alles, was vor ‚1994' steht".
Wer in der Klasse ist cool?	Feld: Anmerkungen Kriterien: *cool*	„*" – „alles, was vor ‚cool' steht, und alles, was nach ‚cool' steht".

Man kann auch Sortierung(en) und Kriterien kombinieren. Die Reihenfolge der Sortierung wird durch die Position der Felder innerhalb der Abfrage bestimmt. Du kannst Felder mittels „drag and drop" verschieben (vorher markieren!).

Wer hat die Postleitzahl 10115 und ist 1994 geboren?	Feld: Postleitzahl Kriterien: 10115 Feld: Geburtstag Kriterien: *1994	
Wer hat eine E-Mail-Adresse und hört gern Musik?	Feld: EmailAdresse Kriterien: Nicht Null Feld: Hobbyname Kriterien: Musik hören	„Ist" wird ergänzt. „NULL" ist ein (engl.) Begriff aus der Datenbankwelt und bedeutet: „Da ist nichts drin". Nicht mit der Zahl 0 verwechseln!
Es soll zuerst nach Nachnamen, dann nach Vornamen sortiert werden	Feld: Nachname Sortierung: Aufsteigend Feld: Vorname Sortierung: Aufsteigend	Hier musst du die Felder Vorname und Nachname in der Abfrage vertauschen.

Überlege selbst Anwendungsmöglichkeiten für Sortierungen und Kombinationen. Du kannst für dich zweckmäßige Abfragen natürlich auch (unter einem „sprechenden" Namen) speichern, z. B. „Schulklasse nach Nachname und Vorname" oder „Schulklasse nach Postleitzahlen".

Wir wollen Berichte erstellen und anpassen

Einspaltiger Bericht mit Foto

1) Klicke auf „Berichte“ und wähle zur Erstellung den Assistenten. Wähle alle Felder aus der Abfrage „Schulklasse nach Nummern“. Die Daten sollen „nach Schulklasse“ angezeigt werden.

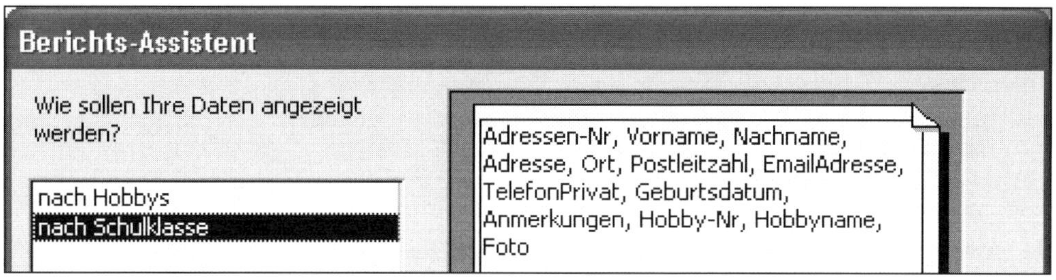

2) Wir wollen keine Gruppierungen und keine Sortierungen. Das Layout soll „Einspaltig“ und im „Hochformat“ sein.

3) Suche dir ein passendes Titelformat aus und nenne den Bericht z. B. „Schulklasse einspaltig“. Fertig! Nun kannst du schon einmal in deinen Datensätzen blättern.

Sieht ja schon ganz professionell aus, oder? Das wäre doch eine gute Basis für ein Erinnerungsalbum der 8. Klasse!

Nur: Die Überschrift ist etwas unpassend und außerdem nicht auf jeder Seite zu sehen. Das ändern wir jetzt!

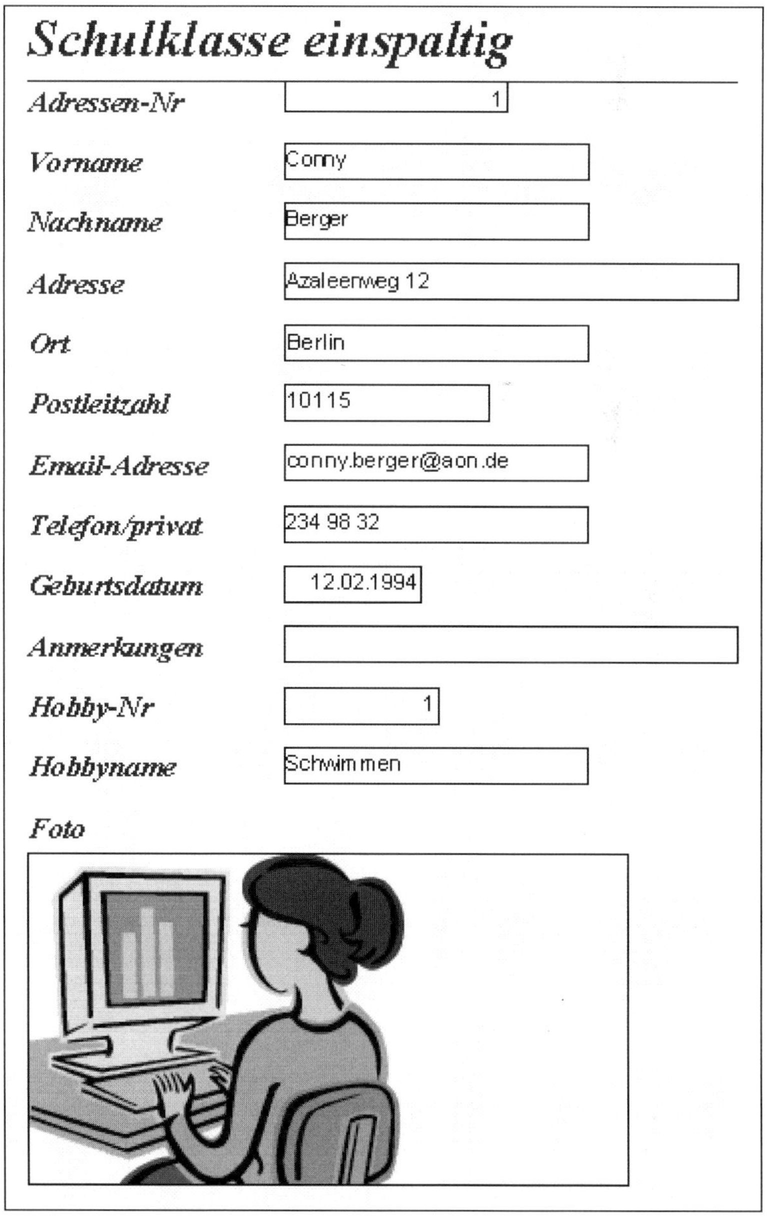

4) Wechsle in die Entwurfsansicht (bzw. „Berichtsentwurf“).

5) Ziehe Seitenkopf und Detailbereich mit der Maus so weit auseinander, dass der Seitenkopf ungefähr so hoch ist wie der Berichtskopf.

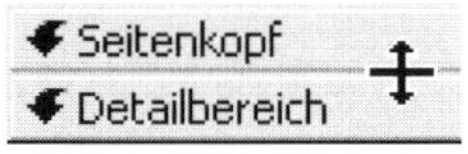

6) Ziehe nun die Überschrift aus dem Berichtskopf in den Seitenkopf (oder „Ausschneiden“ und „Einfügen“).

7) Ändere die Überschrift nach deinen Vorstellungen (z. B. „Meine 8. Klasse“).

8) Ziehe den Seitenkopf ganz an den Berichtskopf heran und passe eventuell den Seitenkopf dem Text an. **Hinweis**: Der Berichtskopf ist die Überschrift des Berichtes und wird deshalb nur auf der ersten Seite gedruckt. Der Seitenkopf ist jene Überschrift, die auf jeder Seite zu sehen ist.

9) Jetzt kannst du noch einen kleinen Schönheitsfehler beheben: Die Adressen-Nr „klebt“ an der Linie darüber. Markiere deshalb mit der Maus alle Felder im Detailbereich (Achtung! Nicht die Linie!), um sie gemeinsam etwas nach unten zu ziehen. – Speichern nicht vergessen!

Als Nächstes wollen wir einen kompakten und Papier sparenden Bericht erstellen, der dir einen schnellen Überblick über die Daten der Klasse gibt.

Tabellarischer Bericht ohne Foto

1) Erstelle einen Bericht unter Verwendung des Assistenten.
   - Wähle alle Felder aus der Abfrage „Schulklasse nach Nummern“ – außer Hobby-Nr und Foto.
   - Die Daten sollen „nach Schulklasse“ angezeigt werden (keine Gruppierungen und keine Sortierungen).
   - Das Layout soll „Tabellarisch“ und im „Querformat“ sein.
   - Wähle ein Titelformat, das dir gefällt, und nenne den Bericht z. B. „Schulklasse Übersicht“.
   - Fertig!

2) Das Layout ist noch nicht zufriedenstellend. Wechsle in die Entwurfsansicht!

   Tipps zur Anpassung:
   - Die Seitenränder verkleinern: Datei → Seite einrichten, alle Ränder auf 15 mm ändern. Dadurch gewinnen wir in der Breite Platz, und zwar 2 cm am rechten Rand. Das weiße Feld mit dem Raster kann daher um 2 cm nach rechts verbreitert werden.

   - „Adressen-Nr“ auf „Nr“ reduzieren, Überschrift und Datenfeld nach links verkleinern.
   - Vorname, Nachname, Adresse, Ort und Postleitzahl gemeinsam nach links verschieben – Überschrift und Datenfeld jeweils getrennt bearbeiten, sonst wird die Linie auch markiert und blockiert die Arbeit.
   - Die Überschrift „Postleitzahl“ auf „PLZ“ ändern, eventuell Überschrift und Datenfeld nach links verkleinern.
   - Die Größe von Datenfeldern kannst du über das Kontextmenü sichtbar machen: Eigenschaften → Reiter „Format“ oder „Alle“ → Rahmenart von „Transparent“ auf „Durchgezogen“ ändern.
   - Zwischendurch einmal speichern.

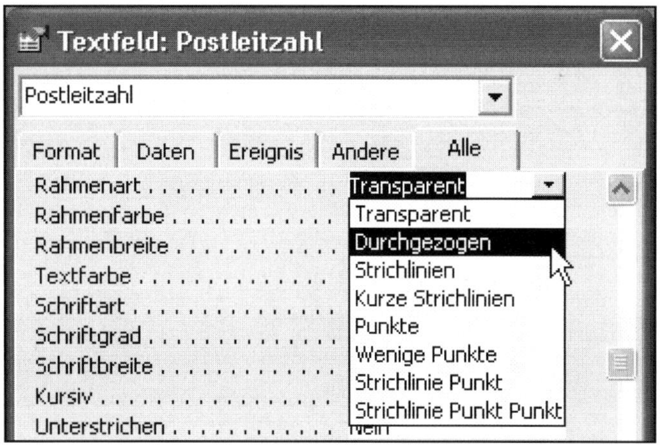

- „Email-Adresse“ nach links vergrößern.
- Die Überschrift „Telefon/privat“ auf „Telefon“ ändern.
- „Hobbyname“ nach rechts an den neuen Rand der Seite verschieben.
- Die Linie nach rechts verlängern.
- „Anmerkungen“ nach rechts verschieben, nach links vergrößern, dabei etwas Platz für „Geburtsdatum“ lassen, bei Bedarf das Datenfeld nach unten vergrößern.
- „Geburtsdatum“ nach rechts vergrößern, Überschrift eventuell auf „Geb. dat.“ andern – oder:
- Alle Überschriften samt Linie nach unten verschieben, Überschrift „Geburtsdatum“ nach oben vergrößern, sodass zwei Zeilen zur Verfügung stehen.
- Seitenfuß der neuen Seitengröße anpassen.
- Der besseren Lesbarkeit wegen wollen wir die einzelnen Datensätze durch Linien voneinander trennen.
- Kopiere dazu die Linie aus dem Seitenkopf oder -fuß in den Detailbereich unter die Datenfelder. Ändere die Eigenschaften der Linie: Rahmenfarbe 0, Rahmenbreite „Haarlinie“.
- Speichern!

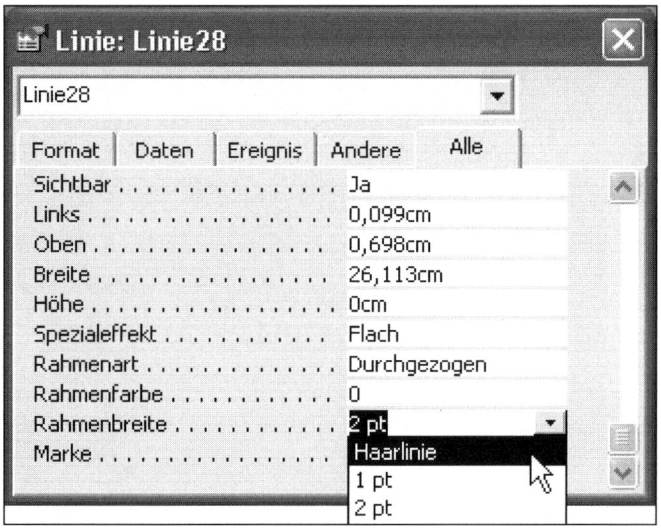

Das Layout deines Berichtes könnte nun so ähnlich aussehen:

Schulklasse Übersicht

Nr	*Vorname*	*Nachnam*	*Adresse*	*Ort*	*PLZ*	*Email-Adresse*	*Telefon*
1	Conny	Berger	Azaleenweg 12	Berlin	10115	connyberger@aon.d	234 98 32
2	Hans	Hübner	Hausfeldstraße 21	Berlin	10115	h.huebner@gmx.de	734 45 67
3	Ernst	Kriegler	Oleanderstraße 45	Berlin	10249	E.Kriegler@aon.de	235 62 58
4	Christian	Lechner	Blattgasse 23	Berlin	10115	c.lechner@chello.de	234 78 91
5	Maximilan	Meier	Astgasse 34	Berlin	10115	m.meier@hotmail.co	735 23 85
6	Bettina	Neumann	Kapellergasse 2	Berlin	10589	b.neumann@gmx.de	235 78 12
7	Silvia	Schön	Gladiolenweg 52	Berlin	10249	silvi.schoen@gmx.d	234 42 19

Sämtliche Daten sind natürlich frei erfunden!

Praxis 47 — ACCESS

Wir wollen Formulare und Berichte kreativ gestalten

1) Öffne dein Formular „Schulklasse“ und beachte die Sortierung beim Durchblättern. Die Datensätze sind nach Hobby-Nr geordnet, nicht nach Adressen-Nr, wie man es erwartet hätte. Das wollen wir jetzt ändern.

2) Wechsle in die „Entwurfsansicht“.

3) Öffne die „Eigenschaften“ über das Kontextmenü in der Titelleiste oder in einem undefinierten (grauen) Bereich des Formulars (dort geht es auch mit Doppelklick).

4) Klicke in das Feld „Datenherkunft“. Dort hinein hat der Assistent eine Abfrage geschrieben, auf die wir bisher keinen Einfluss hatten. Öffne die Abfrage durch einen Klick auf das Icon mit den drei Punkten.

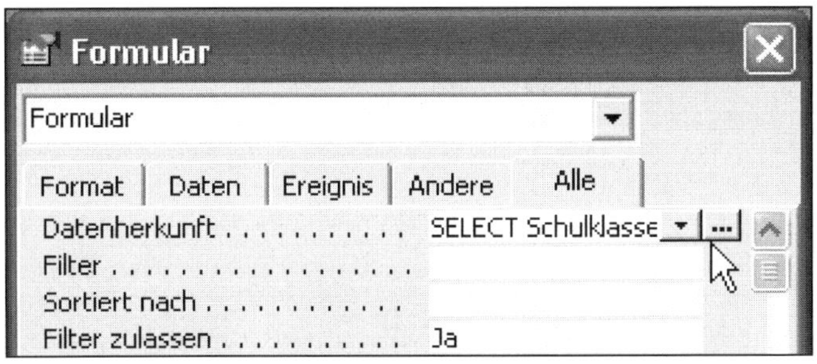

5) Wähle in der Abfrage im Feld „Adressen-Nr“ bei „Sortierung“ die Eigenschaft „Aufsteigend“. Kommt dir das bekannt vor? Stimmt! Das entspricht jetzt genau deiner Abfrage „Schulklasse nach Nummern“.
Schließe die Abfrage und überprüfe jetzt die Sortierung im Formular. Falls sie ist, wie erwartet, speichere und schließe das Formular.

Wir werden nun Formulare und Berichte optisch ein wenig „aufmöbeln“. Dazu ist es klug, nicht das Original zu verwenden, sondern eine Kopie.

6) Erstelle also zunächst eine Kopie deines Formulars „Schulklasse“ und nenne sie z. B. „Schulklasse Test“. Nun erstelle eine Kopie des Berichtes „Schulklasse Übersicht“ und nenne sie z. B. „Schulklasse Übersicht Test“ (gewünschtes Objekt kopieren und einfügen).

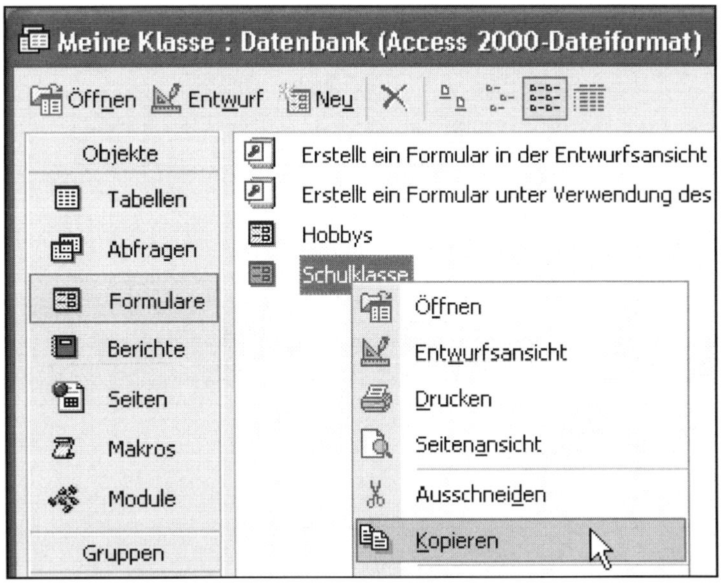

Folgende Formulare hast du nun zur Verfügung:	Folgende Berichte hast du nun zur Verfügung:
Hobbys	Hobbys
Schulklasse	Schulklasse einspaltig
Schulklasse Test	Schulklasse Übersicht
	Schulklasse Übersicht Test

Zum Ausprobieren neuer Formatierungsmöglichkeiten werden wir nun die beiden neuen Objekte heranziehen und nur gewollte Einstellungen in die Originale übernehmen.

7) Öffne das Formular „Schulklasse Test“ in der Entwurfsansicht. Du solltest das gesamte Formular sehen können (eventuell das Fenster vergrößern). **Beachte**: Ein Feld im Formular besteht aus zwei zusammenhängenden Teilen, der Bezeichnung („Überschrift“) und dem eigentlichen Datenfeld. Du kannst beide gemeinsam oder getrennt formatieren (je nach Markierung).

In der Registerkarte „Format“ sind alle Formatierungseinstellungen zusammengefasst.

8) Führe folgende Formatierungen für die Bezeichnungen durch und speichere von Zeit zu Zeit:

Bezeichnung	**Formatierung**	**Auswahl**	**Ergebnis**
Adressen-Nr	Spezialeffekt	Erhöht	Adressen-Nr
Vorname	Spezialeffekt	Vertieft	Vorname
Nachname	Spezialeffekt	Graviert	Nachname
Adresse	Spezialeffekt	Schattiert	Adresse
Ort	Spezialeffekt	Unterstrichen	Ort
Postleitzahl	Rahmenart	Durchgezogen	Postleitzahl
Email-Adresse	Rahmenart	Strichlinien	Email-Adresse
Telefon/privat	Rahmenart	Kurze Strichlinien	Telefon/privat
Geburtsdatum	Rahmenart	Punkte	Geburtsdatum
Anmerkungen	Rahmenart	Wenige Punkte	Anmerkungen
Hobby-Nr	Rahmenart	Strichlinie Punkt	Hobby-Nr
Hobbyname	Rahmenart	Strichlinie Punkt Punkt	Hobbyname

9) Führe die folgenden Formatierungen für die Datenfelder durch. Speichern nicht vergessen!

Datenfeld	**Formatierung**	**Auswahl**	**Ergebnis**
Adressen-Nr	Spezialeffekt	Schattiert	2
Vorname	Spezialeffekt	Erhöht	Hans
Nachname	Hintergrundart	Transparent	Hübner
Adresse	Kursiv	Ja	*Hausfeldstraße 21*
Ort	Hintergrundfarbe	Grün (65280)	Berlin
Postleitzahl	Rahmenbreite	2 pt	10115
Email-Adresse	Schriftart Schriftgrad	Arial 9	h.huebner@gmx.de
Telefon/privat	Textausrichtung	Zentriert	734 45 67
Geburtsdatum	Hintergrundfarbe Testfarbe	Gelb (8454143) Dunkelblau (16711680)	23.03.1994
Anmerkungen	Textausrichtung	Verteilen	u r c o o l e r T y p

Probiere nun weitere Kombinationen aus. Übertrage Formatierungen, die dir gefallen, in dein Originalformular.

10) Wende nun dein Wissen im Bericht „Schulklasse Übersicht Test“ an und übernimm die gewünschten Formatierungen in das Original.

11) Der Vollständigkeit halber erstelle nun noch einen Bericht für deine Tabelle „Hobbys“.

Arbeitsblatt 1		
Klasse: __________		Name: ______________________

Welche Begriffe aus dem INTERNET kennst du?

Ergänze den Lückentext mit folgenden Begriffen:
Domain, Protokoll, HTML, IP-Adresse, URL!

1) Die Länderkennung ist ein wichtiges Kennzeichen einer ________________.
Unter ________________ versteht man eine eindeutige standardisierte Adresse.
Die ________________ besteht aus einer Zahlenfolge.
Im ________________ wird festgelegt, wie Daten übertragen werden.
________________ ist die Sprache des Internets zur Beschreibung von Layout und Struktur einer Internetseite.

2) Löse das Rätsel! Die richtigen Buchstaben in der entsprechenden Reihenfolge ergeben das Lösungswort!

Unerwünschte Programme, die Schäden anrichten können: ☐☐☐☐☐☐☐☐ 3	Hardware, die zur Datenübertragung über ein Telefon notwendig ist: ☐☐☐☐☐ 7
Ein dauernd mit dem Internet verbundener Computer, der wie ein Server funktioniert: ☐☐☐☐ 2	Dateien auf den eigenen Computer „herunterladen“: ☐☐☐☐☐☐☐☐ 6
Eine Person, die sich unerlaubt Zugang zu fremden Computersystemen verschafft: ☐☐☐☐☐☐ 1	Computer, der Daten zwischen Rechnern in unterschiedlichen Netzen weitervermittelt: ☐☐☐☐☐☐ 4
Zentraler Computer, der Dienste bereitstellt: ☐☐☐☐☐☐ 5	Unerwünschte Werbe-E-Mail: ☐☐☐☐ 8

Lösungswort:

☐	☐	☐	☐	☐	☐	☐	☐
1	2	3	4	5	6	7	8

Arbeitsblatt 1	Lösungen

Welche Begriffe aus dem INTERNET kennst du?

Ergänze den Lückentext mit folgenden Begriffen:
Domain, Protokoll, HTML, IP-Adresse, URL!

1) Die Länderkennung ist ein wichtiges Kennzeichen einer *Domain*.
Unter *URL* versteht man eine eindeutige standardisierte Adresse.
Die *IP-Adresse* besteht aus einer Zahlenfolge.
Im *Protokoll* wird festgelegt, wie Daten übertragen werden.
HTML ist die Sprache des Internets zur Beschreibung von Layout und Struktur einer Internetseite.

2) Löse das Rätsel! Die richtigen Buchstaben in der entsprechenden Reihenfolge ergeben das Lösungswort!

Unerwünschte Programme, die Schäden anrichten können: T R O J A N E R 3 (unter A)	Hardware, die zur Datenübertragung über ein Telefon notwendig ist: M O D E M 7 (unter O)
Ein dauernd mit dem Internet verbundener Computer, der wie ein Server funktioniert: H O S T 2 (unter H)	Dateien auf den eigenen Computer „herunterladen“: D O W N L O A D 6 (unter O)
Eine Person, die sich unerlaubt Zugang zu fremden Computersystemen verschafft: H A C K E R 1 (unter C)	Computer, der Daten zwischen Rechnern in unterschiedlichen Netzen weitervermittelt: R O U T E R 4 (unter T)
Zentraler Computer, der Dienste bereitstellt: S E R V E R 5 (unter R)	Unerwünschte Werbe-E-Mail: S P A M 8 (unter M)

Lösungswort:

C	H	A	T	R	O	O	M
1	2	3	4	5	6	7	8

Arbeitsblatt 2a

Klasse: __________ Name: ______________________

Welche Begriffe kennst du in ACCESS?

1) Ordne die Begriffe richtig zu!

Primärschlüssel	○
AutoWert	○
Long Integer	○
Inkrement	○
Mit referentieller Integrität	○
Ja (Ohne Duplikate)	○

○	automatischer Eintrag eines Wertes
○	neuer Wert wird um 1 erhöht
○	verhindert doppelte Werte im Feld
○	zur eindeutigen Identifizierung eines Datensatzes
○	ganze Zahl
○	verknüpfte Daten werden nicht geändert

2) Kreuze nur die richtigen Sätze an!
Wie kann man ein Feld vor Veränderungen schützen?

Kontextmenü → Eigenschaften → Aktiviert: Nein	
Kontextmenü → Eigenschaften → Aktiviert: Ja	
Kontextmenü → Eigenschaften → Gesperrt: Ja	
Symbolleiste → Symbol: „Eigenschaften“ → Gesperrt: Ja	

3) Kreuze nur die richtigen Antworten an!
In welcher Ansicht kann man das Layout eines Formulars verändern?

In der Entwurfsansicht	
In der Datenblattansicht	
Im Formularentwurf	

In der Tabellenansicht	
Im Entwurf	
In der Formularansicht	

4) Gib die richtige Reihenfolge (1 bis 5) der einzelnen Schritte an, um zwei Tabellen miteinander zu verknüpfen!

Die Tabellen hinzufügen und das Fenster schließen.	
Beziehung „Erstellen“.	
„Mit referentieller Integrität“ aktivieren.	
Mit der Maus die Verbindung erstellen.	
Extras → Beziehungen.	

Arbeitsblatt 2b

Klasse: __________ Name: ______________________

5) Kreuze nur die richtigen Antworten an!
Welche Arten der Sortierung gibt es bei Abfragen?

von 1 aufwärts	
von 1000 abwärts	
aufsteigend	
absteigend	

beim kleinsten Wert beginnend	
beim größten Wert beginnend	
nach dem Alphabet geordnet	
nach Zahlen geordnet	

6) Wähle aus den vorgegebenen Begriffen die richtigen aus!
Wie kann ein Felddatentyp definiert werden?

Adresse	
AutoWert	
Zahl	
OLE-Objekt	
Memo	

Datum/Uhrzeit	
Text	
Standardformat	
Tabellenblatt	
Währung	

7) Gib die richtige Reihenfolge (1 bis 4) der einzelnen Schritte an, um ein Bild (oder Foto) in die Datenbank einzufügen!

Bild oder Foto markieren.	
Datei in einem Bildbearbeitungsprogramm öffnen.	
Bild oder Foto im Feld „Foto“ einfügen.	
Bild oder Foto kopieren.	

8) Welche Kriterien gelten für die Abfrage nach

einem Monat (z. B. Mai)
einem Jahr (z. B. 2008)
einem Wort oder Wortteil (z. B. hilfsbereit)
einem Feld ohne Inhalt
einem Feld mit Inhalt?

9) Was bedeuten folgende Symbole? Wähle richtig aus!

	○
	○
	○
	○

○	Verschiebt nur „dieses“ Feld.
○	Verschiebt alle markierten Felder gleichzeitig.
○	Verschiebt nur leere Felder.
○	Öffnet das Fenster „Beziehungen“.
○	Öffnet das markierte Objekt in der Entwurfsansicht.
○	Schließt das Fenster „Beziehungen“.

Arbeitsblatt 2a	Lösungen

Welche Begriffe kennst du in ACCESS?

1) Ordne die Begriffe richtig zu!

Primärschlüssel	○	○	automatischer Eintrag eines Wertes
AutoWert	○	○	neuer Wert wird um 1 erhöht
Long Integer	○	○	verhindert doppelte Werte im Feld
Inkrement	○	○	zur eindeutigen Identifizierung eines Datensatzes
Mit referentieller Integrität	○	○	ganze Zahl
Ja (Ohne Duplikate)	○	○	verknüpfte Daten werden nicht geändert

2) Kreuze nur die richtigen Sätze an!
Wie kann man ein Feld vor Veränderungen schützen?

Kontextmenü → Eigenschaften → Aktiviert: Nein	
Kontextmenü → Eigenschaften → Aktiviert: Ja	
Kontextmenü → Eigenschaften → Gesperrt: Ja	**X**
Symbolleiste → Symbol: „Eigenschaften“ → Gesperrt: Ja	**X**

3) Kreuze nur die richtigen Antworten an!
In welcher Ansicht kann man das Layout eines Formulars verändern?

In der Entwurfsansicht	**X**	In der Tabellenansicht	
In der Datenblattansicht		Im Entwurf	**X**
Im Formularentwurf	**X**	In der Formularansicht	

4) Gib die richtige Reihenfolge (1 bis 5) der einzelnen Schritte an, um zwei Tabellen miteinander zu verknüpfen!

Die Tabellen hinzufügen und das Fenster schließen.	**2**
Beziehung „Erstellen“.	**5**
„Mit referentieller Integrität“ aktivieren.	**4**
Mit der Maus die Verbindung erstellen.	**3**
Extras → Beziehungen.	**1**

Arbeitsblatt 2b	Lösungen

5) Kreuze nur die richtigen Antworten an!
Welche Arten der Sortierung gibt es bei Abfragen?

von 1 aufwärts		beim kleinsten Wert beginnend	
von 1000 abwärts		beim größten Wert beginnend	
aufsteigend	**X**	nach dem Alphabet geordnet	
absteigend	**X**	nach Zahlen geordnet	

6) Wähle aus den vorgegebenen Begriffen die richtigen aus!
Wie kann ein Felddatentyp definiert werden?

Adresse		Datum/Uhrzeit	**X**
AutoWert	**X**	Text	**X**
Zahl	**X**	Standardformat	
OLE-Objekt	**X**	Tabellenblatt	
Memo	**X**	Währung	**X**

7) Gib die richtige Reihenfolge (1 bis 4) der einzelnen Schritte an, um ein Bild (oder Foto) in die Datenbank einzufügen!

Bild oder Foto markieren.	**2**
Datei in einem Bildbearbeitungsprogramm öffnen.	**1**
Bild oder Foto im Feld „Foto“ einfügen.	**4**
Bild oder Foto kopieren.	**3**

8) Welche Kriterien gelten für die Abfrage nach

einem Monat (z. B. Mai)	??.05.????
einem Jahr (z. B. 2008)	??.??.2008 oder *2008
einem Wort oder Wortteil (z. B. hilfsbereit)	*hilfsbereit*, *bereit*, *hilf*
einem Feld ohne Inhalt	NULL
einem Feld mit Inhalt?	nicht NULL

9) Was bedeuten folgende Symbole? Wähle richtig aus!

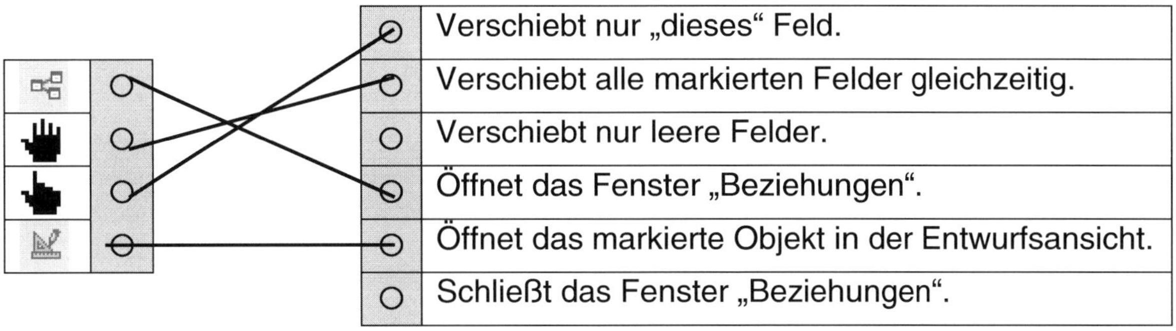

Arbeitsblatt 3a

Klasse: __________ Name: ______________________

Wie erstellst du eine Datenbank in ACCESS?

Im Folgenden sollst du eine Datenbank über Kochrezepte anlegen. Sie besteht aus zwei Tabellen, die miteinander verknüpft werden sollen. Außerdem sollen Formulare zur Dateneingabe und ein Bericht erstellt werden.

1) Nenne deine neue Datenbank „Meine Kochrezepte.mdb“.

2) **Tabelle „Rezepte“**
Erstelle die erste Tabelle unter Verwendung des Assistenten (Variante „Privat“, Beispieltabelle „Rezepte“).
Die Felder der neuen Tabelle sollen heißen:
Rezept-Nr, Rezeptname, Rezeptbeschreibung, AnzahlPortionen, NahrungsmittelkategorieNr, Zutaten.

3) Der Name der Tabelle soll „Rezepte“ heißen.
Der Assistent soll den Primärschlüssel festlegen.
Nach der Fertigstellung schließe die Tabelle, ohne Daten einzugeben.

4) Die Bezeichnung „NahrungsmittelkategorieNr“ ist zu lang, deshalb ändere den Feldnamen und die Beschriftung auf „KategorieNr“.
Wähle für das Feld „Rezeptbeschreibung“ als Felddatentyp „Memo“.

5) **Tabelle „Nahrungsmittelkategorien“**
Erstelle eine zweite Tabelle in der Entwurfsansicht.

Feldname	Felddatentyp	Indiziert
KategorieNr	AutoWert	Ja (ohne Duplikate)
Kategoriebeschreibung	Text	

6) Bestimme „KategorieNr“ zum Primärschlüssel und speichere die Tabelle unter „Nahrungsmittelkategorien“.

7) Schließe alle Tabellen, bevor du die Verknüpfung (Extras → Beziehungen) zwischen „KategorieNr“ der Tabelle „Nahrungsmittelkategorien“ und KategorieNr der Tabelle „Rezepte“ erstellst. Die Beziehung soll „Mit referentieller Integrität“ enthalten.

8) Öffne die Tabelle „Nahrungsmittelkategorien“ und ergänze wie unten:

KategorieNr	Kategoriebeschreibung
1	reich an Ballaststoffen
2	reich an Fetten
3	reich an Kohlenhydraten
4	reich an Eiweiß
5	reich an Vitaminen

9) Schließe die Tabelle.

Arbeitsblatt 3b

Klasse: __________ Name: ______________________

10) **Formular „Rezepte“**
Erstelle ein einspaltiges Formular für die Tabelle „Rezepte“ unter Verwendung des Assistenten mit allen verfügbaren Feldern und außerdem mit dem Feld „Kategoriebeschreibung“ direkt nach „KategorieNr“.

11) Das Feld „Kategoriebeschreibung“ muss gesperrt werden (Kontextmenü → Eigenschaften).

12) Falls auf dem Formular nicht alle Beschriftungen vollständig zu sehen sind, passe das Layout entsprechend an.

13) **Formular „Nahrungsmittelkategorien“**
Erstelle ein tabellarisches Formular für die Tabelle „Nahrungsmittelkategorien“ unter Verwendung des Assistenten.

14) **Abfrage „Rezepte Abfrage“**
Erstelle eine Abfrage mit allen Feldern der Tabelle „Rezepte“ und dem Feld „Kategoriebeschreibung“ aus der Tabelle „Nahrungsmittelkategorien“ und nenne sie „Rezepte Abfrage“.
Die Abfrage soll „aufsteigend“ sortiert nach Rezept-Nr sein.

15) **Bericht „Nahrungsmittelkategorien“**
Erstelle einen tabellarischen Bericht für die Tabelle „Nahrungsmittelkategorien“.

16) **Bericht „Mein Kochbuch“**
Erstelle einen einspaltigen Bericht mit allen Feldern der Abfrage „Rezepte Abfrage“ und nenne ihn „Mein Kochbuch“.
Du wirst einige Unzulänglichkeiten entdecken: Die Felder „kleben“ am Strich. – Es sind nicht alle Texte vollständig zu sehen. – Die Datenfelder für „Rezeptbeschreibung“ und „Zutaten“ sind für Memo-Felder viel zu klein.
Passe den Bericht entsprechend an.

17) **Bericht „Rezepte Überblick“**
Erstelle einen tabellarischen Bericht im Querformat mit allen Feldern der Abfrage „Rezepte Abfrage“ und nenne ihn „Rezepte Überblick“. Auch hier gibt es Möglichkeiten zur Verbesserung: Es sind nicht alle Überschriften vollständig zu sehen. – Die Datenfelder für „Rezeptbeschreibung“ und „Zutaten“ sind zu klein.
Passe den Bericht entsprechend an.

18) **Dateneingabe**
Gib nun die Daten deiner Lieblingsrezepte in die Datenbank ein. Entscheide dich jeweils für die Nahrungsmittelkategorie, die dem Rezept am ehesten entspricht (z. B. Schokotorte → reich an Fetten, Spaghetti mit Tomatensauce → reich an Kohlenhydraten).

Arbeitsblatt 3a — Lösungen

So soll die Beziehung zwischen den beiden Tabellen aussehen:

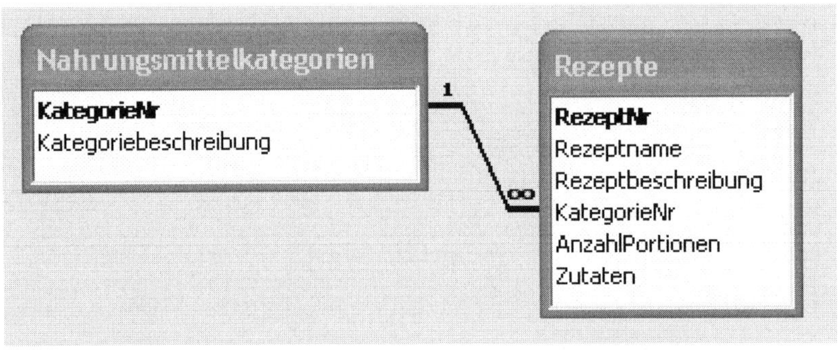

So ungefähr sollten deine Formulare aussehen:

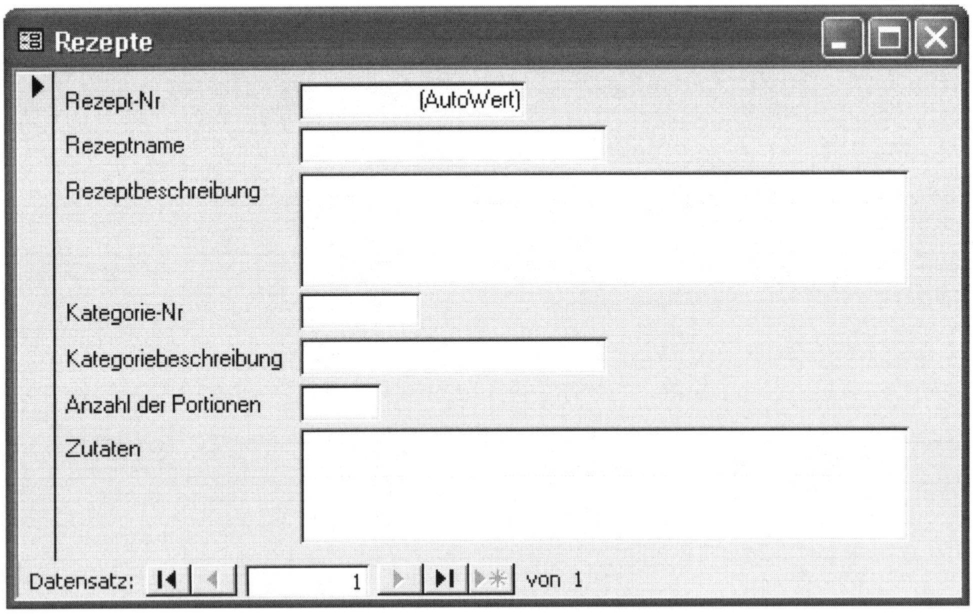

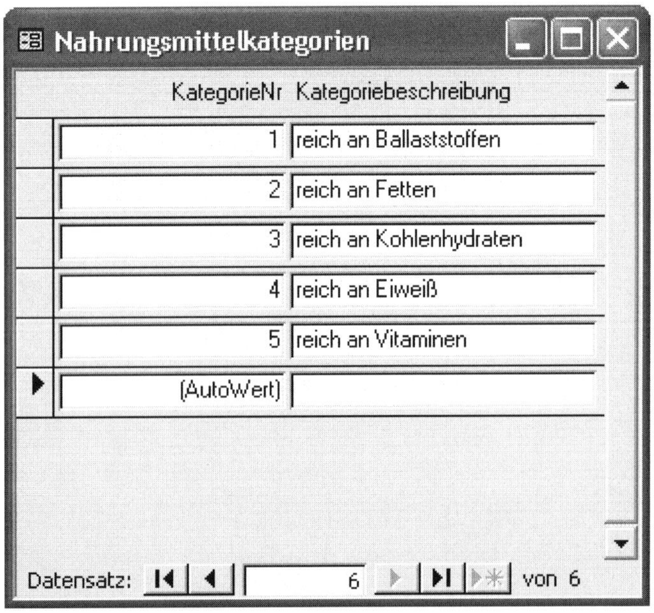

So könnten deine Berichte aussehen:

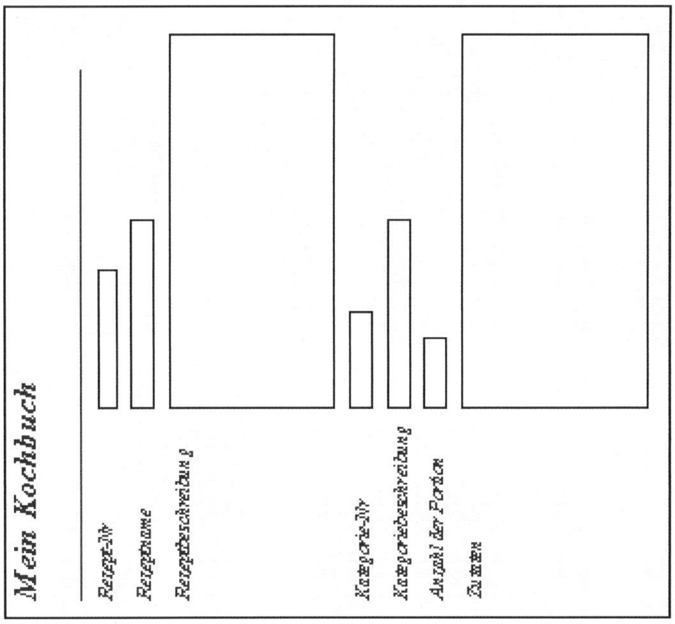

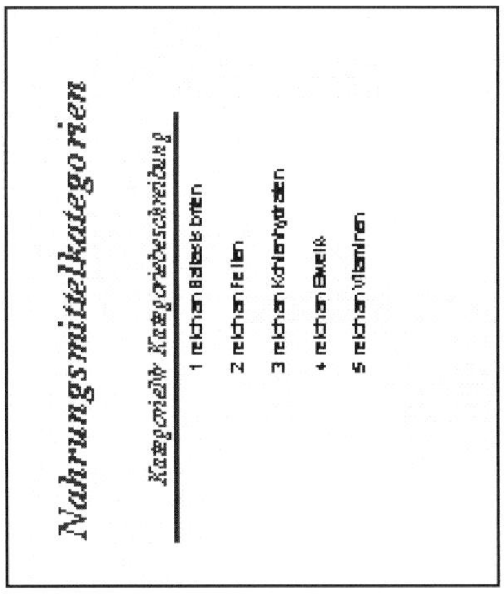

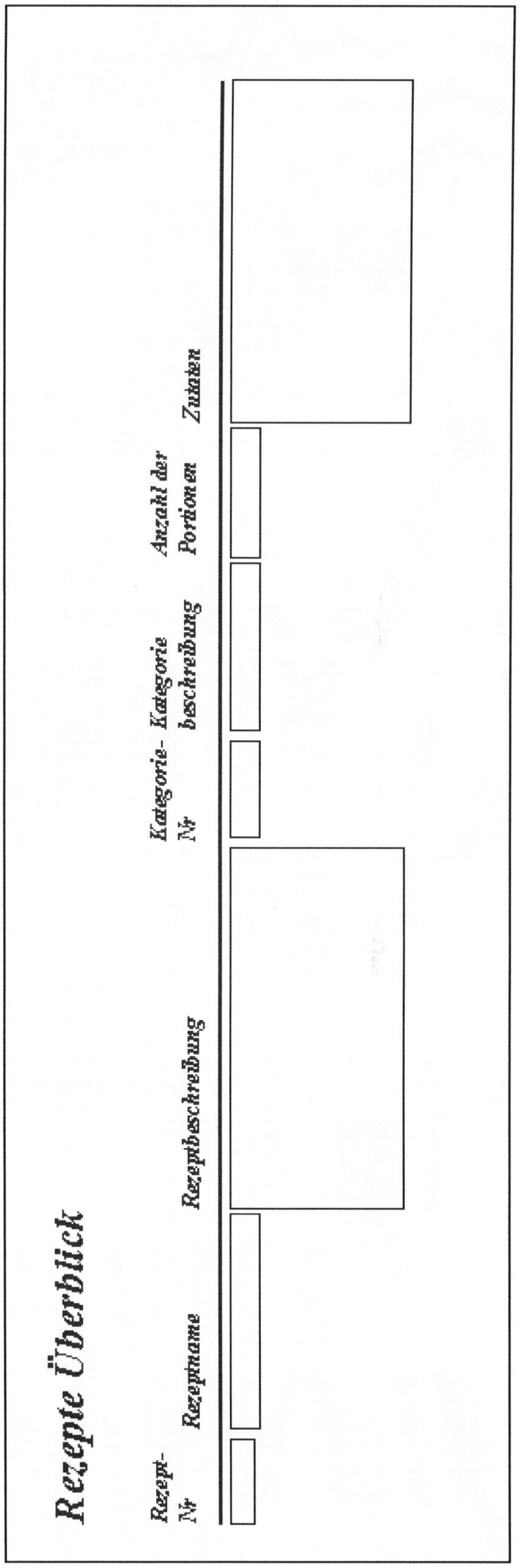